岩 波 文 庫

33-643-1

純粋現象学及現象学的哲学考案

（上）

フッセル著
池上鎌三訳

店

Husserl

IDEEN ZU EINER REINEN PHÄNOMENOLOGIE UND PHÄNOMENOLOGISCHEN PHILOSOPHIE, I

1913

譯者序言

此處に譯出するのは、フッセル Edmund Husserl (1859—1938) の主著 „Ideen zu einer reinen Phänomenologie und phänomenologischen Philosophie," I., 1913. である。本書の第二卷及び第三卷は遂に未刊に終つた。

現代哲學に於けるフッセルの位置に就いては今改めて絮說する必要もないと思ふ。勿論人は彼に於いて既に多くの「過ぎ去れるもの」を指摘することは出來るであらう。けれどもそれと同時に又人は、「現に存する」多くの哲學が如何に深く彼に負うてゐるかを忘れてはならない。のみならず現象學乃至現象學的方法といふものが、單にかかる時代的意義を超えて、永遠なる哲學的共有財の圈内にその座を占め得る資格のあることを想はねばならない。吾々はフッセルの此の著作に對して、過去的なると同時に永遠的なるものといふ意味に於いて「古典」の名を賦與しても敢へて過當ではあるまいと考へる。

本書の解說は別項「フッセル哲學解說」に讓ることにする。其の項は E. Hauer, W. Ziegenfuß, G. Jung 等の „Philosophen-Lexikon," 1937 に收載されたフッセル自筆に係る敍述を基礎としたものである。それに依つて吾々は本書『考案』そのものの内容の概略と、同時にフッセル哲學の發展過程に於ける『考案』の位置とを知ることが出來るであらう。

本譯書は元來岩波書店の或る計畫の一部として約十年以前に一應譯了したものであつたが、計畫の消滅と共に此の稿も不完全の姿の儘に久しく筐底に放置されてゐた。それが改めて岩波文庫に收められることとなつて、譯者は再び十年の塵を拂つて加筆訂正の事に從つた。訂正に當つては鬼頭英一氏の邦譯書及びギブスンの英譯書を參照して得る所があつた。

譯稿整理中原著者の訃報に接した譯者は圖らずも本譯書にネクロロークの意を寓することとなつた。附記して彼の講學一向の生涯に深甚の敬意を表し度いと思ふ。

最後に本譯書の成立に際して、機緣と刺戟とを與へられた伊藤吉之助先生に對して深謝の意を表する。尙ほ嘗つて舊譯稿の一部に對して閱讀の勞を執られた武田信一君に感謝する。

昭和十三年盛夏　　　譯　者　識

フッセル哲學解說

フッセル哲學の特質を知るには、個々の著作を分離して各個それぞれの主題を觀察するといふ如き仕方に依つては不可能である。彼の著作を歷史的に排列して見る時、それを通じて一つの目的が漸次明瞭に意識されて行く過程を看取出來る。彼の哲學的思索は首尾一貫して此の目的の追求に終始してゐた事を知らねばならない。その目的を一言にして云へば、哲學を根本的に新しく基礎づけるといふ事にほかならない。

元來フッセルは數學及び自然科學を修めたのであつて、當初究極の目的として念頭に置いたのは、論理學及び心理學を根柢として算術成立の可能性を嚴密に基礎づけるといふことであつた。其の師ブレンターノに捧げられた處女作『算術の哲學』第一卷（一八九一年）は此の目的の爲めに書かれたものにほかならない。此の書はハレ大學の就職論文――その一部は『數の概念に就いて』と題して一八八七年既に刊行された――を增訂したものである。此の書の根柢には作用と高次對象、心理と論理、主觀と客觀等をその緊張の統一に於いて雙關的に觀察するといふ態度が既に存在してゐる。

此の態度は、カール・シュトゥンプに捧げられた『論理學的諸硏究』に於いて、十年硏究の結晶として一層豐富となり具體的となつた。此の書は二卷から成り、その第一卷は『純粹論理學序說』(一九〇〇年)、第二卷は『現象學及認識論研究』(一九〇一年)と名づけられる。此の兩卷は、人々の批評がこれを看過してゐるにも拘らず內面的なる統一を保有してゐる。その統一とは卽ち雙關的觀察法なる方法的原理の實現にほかならない。けれども此の「主觀的=客觀的」なる統一的研究を正當に評價するには、先づ第一に客觀——此處では論理的成體——の客觀性を一切の誤まれる主觀化から防護する必要がある。そこでフッセルは第一卷に於いては、論理的成體を「イデー的統一」と解し論理的法則を「イデー的法則」と解してそれの存在意味を、當時論理學を支配してゐた心理主義と批判的に對決しつつ闡明することに努力した。フッセルの批判に依れば「心理主義」とは論理的なる概念及び命題を心的成體とする見解であり、論理學的法則を心理學的事實法則とする見解である。此の批判の要點は畢竟、各種の心理主義が相對主義なる所以を證明する點に歸着する。積極的には此の批判に依つて純粹論理學のイデー性乃至先天性が明かになるのである。そこで最後の章に於いてかかる純粹論理學そのものの考案を展開して、此の學に二重の課題を與へてゐる。一、先天的知識學たること、卽ち「學乃至理論の可能性のイデー的制約」に就いての學たること。二、「形式的」概念に就いての先天的學たること、此の概念は對象一般に對して規整的であり、「何等かの認識質料の一切の特殊性から獨立」である。(認識質料とは例へば對象、事態、一、多、集合數、關係等々)。以上に依つて結局純粹論理學はその主題上二つに分れることになる。卽ち「意義範疇」（概念、命題、推理等々）の論理學と「對象的範疇」の論理學、後の用語法では命題學的論理學と形式的存在學（對象の形式的理論）である。そして此の兩者の統一が可能的理論形式乃至「集合」（複素體）の理論としての純粹集合論である。扨次に第二卷は六個の研究に分れ、純粹論理學の方向と現象學の方向とを取る。先づ第一研究は『表出と意義』に關するものであつて、意義指向と意義充實、意義體驗に於けるノエシス的內實とイデー的內實との間の本質關聯を分析的に闡明し、以て純粹論理學の課題に對して論理的體驗の文法的側面への洞觀を豫め確保する。此の第一研究は言語哲學者並びに論理學者に多大の影響を與へたものであつた。第二研究は『種のイデー的統一と近代抽象說』に關するものであつて、「イデー化」の說を初めて基礎づけるに當つて普遍者の心理學的實體化、各種の唯名論、特に英吉利感覺論の唯名論的抽象說に反對する。第三研究は『全體と部分』に關するものであつて、之は明かに「對象そのものの天先的理論」の根柢を成してゐる。具體的に直觀的なる「內容」（知覺與件乃至事物對象）を手懸りとして說明して、畢竟全體性を規整するものとしてこの本質法則の擧示に到達する。此の本質法則は根本的に、先天的「分析」法則と先天的「綜合」法則とに分たれる。此の區別には、純粹論理學に含まるる形式的なる先天的對象論と、質料的なる先天的對象論（此の方は對象の實質性を基礎とするアプリオーリに關する）との原理的區分が內含されてゐる。此の二つの方向に向つて包括的なる分析が行はれてゐるのであるが、之と並んで尙ほ外に「對象論」的基礎づけも行はれてゐる。尙ほ此の對象論の構想のプリオリテートに就いてはマイノングとの間に論爭があるが、彼自身に從へばマイノングに先立つこと數年であるといふ。第四研究は『獨立的意義と非獨立的意義との區別及び純粹文法學の考案』であつて、これは第一研究を繼承發展して純粹論理學的特殊學科としての全範疇的意義の先天的形式論の考案——卽ち「純粹論理學的文法學」の考案——を企圖してゐる。フッセル哲學を更に發展せしめるに中心的重要性を有するのは第五、第六の二研究である。此の二研究に至つて初めて現象學的研究法が十分に發現して來る。第五研究は『指向的體驗とその內容』に關するものであつて、論理的成體が發出し來る主觀的源泉への溯源を示し、現象學的なる判斷論を目指してゐる。分析的問題設定を豫め極めて廣く且つ根本的にして、意識生活一般及びそれの指向性の如何に一般的なる構造と雖も主題たり得る樣にしてある。普遍的本質、例へば指向的作用の如きは記述的に取出し得る基礎契機から觀てこれを性格づけ、質料と性質、更には作用の本質可能的基づけの如きは分析的に追究される。極めて重大なる意義を有する所の意識分析の豐饒さは旣に此の處に現はれてゐる。第六研究は大部であつて、『認識の現象學的解明提要』に當てられてゐる。これは指向性の現象學的要素構造を指向と充實との綜合として分析し、認識段階の詳細なる現象學を示し、合一と撞着（非兩立）なる論理的概念を闡明し、明證と眞理（眞存在）との雙關關係の闡明への重要な誘因を與へる等々のことを行ふ。第六研究の第二部は擧げて感性的直觀と範疇的直觀との根本的區別に當てられてゐる。

扨『論理學的諸研究』を全體として觀ると、雙關的觀察法なるものが『算術の哲學』と比較して著しく進歩した段階に達してゐることが發見される。一般に此の「現象學」の根本性格として注目すべきことは、現象學は一切の論定を專ら純粹に內在的なる直覺からのみ汲み取り、直觀的所與といふ此の領域からの如何なる逸脫をも拒むといふ事である。併し此の直覺的明證なるものは單なる經驗心理學的明證ではないのであつて、此の明證の洞觀はすべて必證的本質洞觀にほかならない。心理主義と戰つて奪取したイデーの國卽ち「アプリオーリ」の國は、思辨的基構の國ではなく必證的直覺の國である。そして此の直覺は究極的には常に溯つてすべての「アプリオーリ」の原分野に、卽ち意識主觀性の原分野に關係してゐる。內在的領界に於いて證示され得る存在及び現出はすべて本質法則性に依つて統制されてゐるといふ洞觀に支持されて、純粹なる意識生活が普遍的意識研究の主題とされたのは此處が最初なのである。更に進んで此の現象學の根本性格を擧げるならば、研究の焦點を專ら純粹に意識そのものとしての意識に置き此の意識に本來固有なる綜合的聯關に於いて觀て、何よりも先づ第一に指向性と、此の指向性を指向的對象の側から問題とする方法との固有的本質が利用されたといふ事、從つて「心的現象」に關するブレンターノ說の無效なる分類記述的方法が克服されたといふ事である。『論理學的諸研究』に於ける發端を發展結實せしめる事は無論『考案』に至つて初めて可能である。此處に至つてそれは、「第一哲學としての普遍的意識現象學」の課題の構想として、卽ち吾々に對して「存在するもの」

一切の普遍的なる規整的解明といふ概念の下に現はれて來る。『論理學的諸研究』に於いては意識分析は猶ほ未だ主として「ノエシス的」に、即ち視點を反省的に體驗に向けることに依つてのみ行はれた。即ちその分析は猶ほ、各々の體驗に屬してゐるノエマ的意味層即ち體驗の主題的內實を研究するに至つてゐない。『考案』に於いて初めて、兩側面の意識分析の必要が十分に明かにされたのである。と云つても併し、ノエマ的構造の論定が『論理學的諸研究』に全く缺如してゐるわけではない。就中、直觀（知覺等々）の如き論理以外の領界に於ける意味契機の證示、思考心理學を刺戟した如き新しき認識は既にあつたのである。

『論理學的諸研究』以後フッセルの研究は、現象學を體系的に擴大して普遍的なる意識分析となさんとする點に集中された。一九二八年に至つて出版された『內的時間意識の現象學講義』（ハイデッガー編）は主として、直觀の現象學に關し一九〇五年ゲッティンゲンで行つた講義に由るものである。『論理學的諸研究』に於いては研究主題を主として自發的能動性の指向的作業に採つたのであるが、此の『講義』に於いては純粹に受動的なる發生の指向的作業を明かにした。此の後者の作業に於いて、流れ去りつつある意識生活は嚴密なる本質法則に從つて、隱れたる連續的綜合に於いてそれ自身、時間的に存在する體驗の流れとして規整されるのである。此處で指向性の本質と指向的內含を形成する指向性の仕方とに對する新しき洞觀が展開して來る。此處に於いて既にすべての超越的妥當の徹底的排去の方法は遂行されたのであるが、併し心理學的意味に於ける主觀性を純現象學的に解釋したものと、先驗的主觀性とを、原理的に對照せしめるといふことはまだ缺けてゐるのである。

一九一一年には廣く世人の注目を惹いた例の『嚴密學としての哲學』なる論文が『ロゴス』誌上に現はれた。これは新しき現象學の普遍哲學的意味の暫定的なるプログラム的素描である。有限に坐する實踐的人間に指針を與へる哲學としての世界觀哲學の目的と學的哲學の目的との、當時蔓延してゐた混同に反對してフッセルは、後者の哲學の眞の意味を新しく規定してその永遠の權利を承認してゐるのである。一方に於いては感覺論的自然主義と戰ひ他方に於いては歷史主義と戰つて——即ち一方に於いては意識の自然化に反對し他方に於いては歷史的人間主義に反對して——眞の心理學及び精神科學並びに又普遍的哲學に對してその根柢として指向性の普遍的現象學の必要なる所以を論述したものである。

規整的現象學の眞の原典とも云ふべきものは即ち此處に譯出した『純粹現象學及現象學的哲學考案』(一九一三年)にほかならない。此の書に於いて現象學なる新しき學は、第一哲學即ち『哲學の基礎學』としての意味及び機能の體系的に基礎づけられたる說明を受けるに至つた。『事實と本質』に關する第一篇の後、第二篇『現象學的基礎考察』に於いては「純粹」乃至「先驗的」現象學の固有領分が方法的に開拓され始める。フッセルは先づ「自然的觀方」の分析から出發する。此の觀方は世界現存の前提をなすものであつて、此の前提は一切の實踐的並びに理論的生活に於いて不明確に行はれてゐる不斷の前提なのである。此の前提を廢棄し、從つて自然的觀方を根本的に變更することに依つて、現象學的觀方は初めて可能となる。此の變更は、世界現存及び之に內含せられる所の各種對象の端的措定の一切に對する確乎不拔なる「括弧入れ」を基礎とする。此の括弧入れの後に殘存するものは卽ち世界思念を行ふ所の純粹意識である。「世界」とは意識生活の一定聯關の雙關者を示す名稱となつたのであつて、此の聯關に於いて此の意識生活は對象的現存をそのものとして思念する、卽ち直觀的に經驗したり、曖昧に表象、思惟、評價したり、實踐的に努力したり等々して思念するのである。かくて世界は「世界現象」となる。專ら意識的被思念といふ意味に於ける現象が「現象學」の一般主題なのであつて、現象學は體驗的にして被思念的なる成素から觀たる純粹乃至先驗的意識の學である。換言すれば又現象學とは、現象學的主觀に於いて時々に存在的として妥當する世界（並びにまた現象學的主觀に「イデー的」對象として妥當する存在）――これ等は被思念的內實を有てる意味付與的純粹意識體驗の內にある――の構造の學である。

第二篇は先驗哲學的認識一般を方法的に確保する上に有效である。卽ち此の篇は現象學的方法の完全なる體系を、先驗的にして形相的なる還元の統一として展開してゐる。換言すれば世界現存を括弧に入れた後に殘存する絕對的主觀性の先天的本質認識としての還元の統一として展開してゐる。第三篇『純粹現象學の方法と問題とに就いて』は、原理的に方法的なる分析を以て始まつてゐるが、內的時間生成の問題と自我の問題とはこれを除いて爾後の研究に委ねてゐる。『ノエシスとノエマ』及び『ノエシス＝ノエマ的構造の問題に就いて』の章に至つては、それの各節が全く基礎的なる構造を新しく呈示してゐるのであり、これに依つて規整研究の全く新しき問題地平が示されてゐるのである。

第四篇『理性と現實』に於いては、指向的規整といふ一般的根本問題が明證及び每時それに屬する存在意味の規整問題として取扱はれてゐる。明證の根本種類があるのと同數の對象性の根本種類があり、規整問題の根本種類と同數の理性論的問題のそれがあるのである。十分に擴大された先驗的問題と一般的規整問題との概念を展望した所で『考案』の第一卷は終つてゐる。續刊豫定の第二、第三卷の廣汎な草案は一九一三年から一六年に亙つて學生に講述筆記せしめて影響を與へた。その中特に著しい問題としては、純粹に自然的經驗からの統一としての物質的自然の規整的現象學の詳細なる根本問題とか、知覺し、働き、物的自然へ身體的に働きかける所の我の機關及び肢體ある機關組織としての特性ある身體、乃至は又自然物體としての身體の規整とか、更に又廣義に於ける自然實在としての心及び人間（乃至動物）の規整とか、感情移入なる作業の規整的解明に依る「他人」の規整とかいふ如きものがある。自然科學的觀方と精神科學的觀方といふ根本的區別に結付いて、物的及び心的＝物的なる自然の規整と反對の方向に、種々なる秩序の人格の規整問題の所論が生じ、これが人格的周圍世界に關係しては文化的周圍世界、從つて又一般に「精神的」世界の規整が論究された。

『考案』以後フッセルの研究は實證科學との關係に於ける現象學の根本的闡明の問題と定まつた。卽ち心理學的意識研究に對する現象學的分析の限界づけの問題及び兩者の內面的關係の問題である。更に一般的に換言すれば新しき現象學的哲學が依つて以て究極の方法的洞觀及び最高の問題領界へ前進す可き普遍的方法の問題である。他方又此の間の歲月を廣汎なる具體的研究に精進した。フッセルの講義は常に彼を直接に動かす問題に就いて行はれたので、その潑剌たる講述に依つて哲學的著作に與へた影響は實に甚大なるものがあつた。

多年著述を差控へて蘊蓄した成果を披瀝した第一作は一九二九年に著はされた『形式的論理學と先驗的論理學』(論理的理性の批判試論)である。此の書は客觀世界の學の現象學に對する關係を言はば範例的に述べたものである。形式的アプリオーリを主題とする學としての傳統的なる——從つてその意味が深く究められ明かにされてゐる——論理學から出發して我々は、それの前提の批判に依つて、右論理學の根ざす所の先驗的意識の顯在的及び含蓄的指向性の規整的聯關に於ける根元に溯及せしめられる。そこで此の書は二篇に分れる。第一篇は『客觀的なる形式的論理學の構造と範圍』であつて、これは『論理學的諸研究』に於いて企圖した「純粹論理學」の問題を更に徹底化した仕方で再び採り上げて、此の論理學の構造的三分法の內部に於いて、整合の純粹論理學(これに於いては眞理の概念は未だ主題的根本概念となつてゐない)の限界づけ並びにそれに屬する現象學的解明を行つたものである。これと聯關して形式的論理學の形式的數學及び兩者を包括する形式的「普遍學」に對する關係は本質的深化を受けてゐる。第二篇は『形式的論理學から先驗的論理學へ』であつて、これは規整の問題への明確なる還歸を課題としてゐる。就中此の篇の研究には、存在と眞理とに關する明證の一般的問題、根本的なる判斷論等々に關する詳細なる研究がある。特に重要なのは、『考案』に於いて既に明かにされた形相的意識心理學と「先驗的」現象學との區別である。これと同時に、方法上全現象學的哲學に對して基礎を與へる所の、「先驗的心理主義」の解明が行はれてゐる。此處に至つて初めて、先驗的主觀性の心理學的主觀性に對する關係は確乎たる明證を得るのであつて、此の明證に依つて、兩者の混同の爲めに生ずる純粹現象學への誤解が除かれる。

以上のほかに『デカルト的省察』（一九三一年）があるが、これは一九二九年の春ソルボンヌで行つた四回講演を增訂したものである。此の書に於いてフッセルは現象學的哲學の全體を概說し、就中他人の心の經驗としての感情移入に對する詳細なる分析に依つて、先驗的主觀性を完全に開明するに必要なる基礎が先驗的共同主觀性なることを示し、そしてこれに依つて規整の問題全般の完全なる輪廓を描いてゐる。

最後に學術論文として絕筆と思はれるものにリーベルト主宰の『フィロソフィア』誌第一卷（一九三六年）に揭げられた論文『歐洲學術の危機と先驗的現象學』がある。これは一九三五年

「人間悟性研究の爲めのプラーグ哲學會」の招聘に應じてプラーグ大學に於いて行つた講演を推敲したものであるが、所載の分はその一部に過ぎず、逝去の爲め遂に未完結に終つたわけである。フッセルとしては珍らしくその年來の所信を哲學史との聯關に於いて論述したものであつて、その點から云つても此の論文が完結を見るに至らなかつたのは遺憾である。

フッセル (Edmund Husserl) 略歴

一八五九年四月八日　メーレン州（舊オーストリー領、現チェッコスロヴァキア領）プロースニッツに生まる。
一八八七年　ハレ大學私講師
一九〇一年　ゲッティンゲン大學員外教授
一九〇六年　同大學正教授
一九一六年　ブライスガウのフライブルク大學正教授
一九二八年　右退職
一九三八年四月二十七日　逝去

フッセル主要著作

1. Philosophie der Arithmetik, 1891.

2. Logische Untersuchungen, 2 Bde.

I: Prolegomena zur reinen Logik, 1900, 4. Aufl. 1928.

II/1: Untersuchungen zur Phänomenologie und Theorie der Erkenntnis, 4. Aufl. 1928.

II/2: Elemente einer phänomenolog. Aufklärung der Erkenntnis, 3. Aufl. 1922.

3. Philosophie als strenge Wissenschaft, in: Logos Bd. 1, 1911.

4. Ideen zu einer reinen Phänomenologie und phänomenolog. Philos. I.: Allg. Einführung in die reine Phänomenologie, 1913, 2. Aufl. 1922, 3. Aufl. 1928.

5. Husserls Vorlesungen zur Phänomenologie des inneren Zeitbewusstseins, hrsg. v. M. Heidegger, in: Jahrbuch für Philos. und phänomenolog. Forschung, Bd. 9, 1928.

6. Formale u. transzendentale Logik, in: Jahrb., Bd. 10, 1929.

7. Phenomenology, in: Encyclopaedia Britannica, 14. ed., 1929.

8. Nachwort zu meinen „Ideen z. e. r. Phänomenol. u. phänomenolog. Philos.“, in: Jahrb., Bd. 11, 1930.

9. Méditations cartésiennes, Introduction à la phénoménologie, 1931.

10. Die Krisis der europäischen Wissenschaft und die transzendentale Phänomenologie,

Eine Einleitung in die phänomenolog. Philos.(unvollendet),in : Philosophia, Vol. 1, 1936.

目次

純粋現象學及現象學的哲學考案

緒　論

純粹現象學――吾々は本書に於いて斯學への尋求、他のすべての學に對する斯學獨特の位置の描出、及び斯學が哲學の基礎學なることの證示を試み度いと思ふ――はひとつの本質的に新しく、その原理的特質の故に自然的思考から遙かに遠ざかつて居り、そして此の故に今日に至つて漸くその發展へと急ぎつつある學である。此の學は『現象』に關する學と呼ばれる。現象には猶ほ疾に知られてゐる他の諸學も亦關係する。卽ち人の知る通り、心理學は心的現象に關する學であり、自然科學は物的なる『現出』乃至現象に關する學であると言はれる。それと等しく、歷史に於いては歷史現象といふ事が、文化科學に於いては文化現象といふ事が屢々言はれる。此の事は實在に關するすべての學に就いても亦同樣である。斯く現象に就いて論ぜられる場合に、現象といふ言葉の意味が如何に異なつてゐるとしても、又假令其の他如何なる意義を有つとしても、現象學も亦之等『現象』のすべてに對し、而もすべての意義に應じて、關係してゐるといふ事は慥かである。が併し、此の場合には全く別の觀方に立つのであつて、此の觀方に依つて、吾々の疾に熟知してゐる諸學に於いて用ゐられてゐる現象の意味は、悉く一定の仕方で變樣される。かく變樣された意味としてのみ、現象の意味は現象學の領界內へ入り來るのである。此の變樣を了解すること、更に精確に言ひ換へれば、現象學的觀方を遂行すること、現象學的觀方の特質と自然的觀方の特質とを反省してそれを學的意識に迄高めること――此の事は、吾々が現象學の地盤を獲得してその獨自の本質を學的に確保しようと欲する場合に、完全に果さねばならぬ第一の、そして決して容易ならぬ課題である。

　最近十年間獨逸の哲學及び心理學に於いては、現象學に關して甚だ頻繁に論議が行はれた。人人は『論理學的諸研究』(一)に同意してゐる樣なつもりで、現象學を以て經驗的心理學の底層であり、心的體驗の『内在的』記述の領域である(此の内在的記述は嚴密に内經驗の範圍内に限られる、彼等の所謂内在とは此の意味である)かの如く考へる。此の見解に對する私の抗議(二)は殆んど役に立たなかつた樣である。そして、兩學の區別に就いての尠くとも二三の重要點は明確に釋明した所の附隨的諸論述も、了解されないか、或は無視放擲されたのであつた。それ故に又、心理學的方法に就いての私の批判に對して、私の敍述の率直な意味を逸した爲めに全然空虚となつてゐる答辯が現はれた――私の批判、それは決して現代心理學の價値を否認したものでもなく、又決して優れた人々の果した實驗的研究業績を貶したものでもなく、心理學的方法の或る字義通りに根本的なる缺陷を暴露したものなのである。蓋し私の考へる所に依れば、心理學を一層高い段階の學に迄高める事も、又その研究分野を著しく擴張する事も、此の缺陷を除かなければ不可能なのである。私の攻擊ならぬ『攻擊』に對する心理學の側の不要な防禦に就いては、後に又少しく論及する機會があるであらう。私が此處で此の論爭に觸れるのは、廣く行はれて居り且つ影響甚大なる誤解に對して次の事を豫め明確に强調しておかんが爲めである。それは、吾々が以下に於いて通路を開拓して行かうと欲する純粹現象學――『論理學的諸研究』に於いて初めて出現し、最近十年更に研究を進めてその意味が私に益々深く益々豐かに解つて來た所の現象學――は心理學でないといふ事、及び現象學を心理學に數へる事が却けられる所以は偶然的なる範圍區劃や用語の故ではなく原理的なる根據に基づくといふ事である。現象學が心理學に對して要求すべき方法的意義は如何に大なりとはいへ、又、現象學は心理學に向つて如何に本質的『基柢』を提供するとはいへ、現象學は（イデーの學として既に）自身卽ち心理學であるのではなく、それは恰かも幾何學が自然科學でないと同樣である。否現象學と心理學との區別は此の幾何學と自然科學との區別に對する比較の示すよりも更に根本的である事がわかる。此の事は、現象學は『意識』を、卽ちすべての體驗種類、作用、作用の雙關者を取扱ふといふ事實に依つて少しも變化されない。以上を理解するには、一般の考へ方の習慣にあつては、慥かに尠からぬ苦勞が要る。從來の考へ方の習慣を一切排去する事、從來の考へ方が吾々の思考の地平に繞らしてゐた精神的障壁を認めて之を破毀する事、斯くて、すべての方面に障壁を撤せられた地平が初めて吾々に示す所の全く新規に提出さるべき眞の哲學問題を、思惟の完全なる自由に依つて把捉する事――これは困難な要求である。けれども此の要求は低減できない。尙ほその上にひとつの新しい、自然的なる經驗の觀方及び思考の觀方に對して全然變更された仕方の觀方が必要である——この事は實際、現象學の本質の把握、現象學の問題の獨特なる意味の了解、爾他すべての學問（特に心理學）に對する現象學の關係の了解を、甚だ異常に困難ならしめるものである。決して舊き觀方に逆轉せずに此の觀方に於いて自由に活働し、眼前に在るものを視、區別し、記述する事を學ぶには、更に又、獨特且つ困難なる研究を必要とする。

此の新しい世界への突入の過大なる困難を、言はば一つづつ征服し得る如き途を求めて行くといふ事が、即ち此の第一卷の最も重要な課題であるであらう。吾々は自然的立場から、即ち吾々に對立する世界、心理學的經驗に於いて現はれる意識から出發し、そして此の立場に本具的なる前提を暴露しよう。次に吾々は『現象學的還元』の方法を完成しよう——此の方法に由つて吾々は、すべての自然的研究法の本質に屬する認識の障壁を取除き自然的研究法固有の一方的視方向を轉ずる事ができ、最後には、『先驗的』に純化された現象の自由なる地平を獲得し了へて、それに依つて吾々獨特の意味に於ける現象學の分野を獲得し了へるに至るのである。

吾々は尙ほ少しく精密に豫備的說明の輪廓を描かう。そして現代の先入見の要求に隨つて、が又同時に事象の內面的共通性の要求する所にも隨つて、心理學に結付けて論じよう。

心理學は經驗科學である。斯く言ふ時、經驗といふ言葉を普通の意義に使ふならば二つの事が含まれてゐる。即ち、

一、心理學は事實に就いての、即ちデイギッド・ヒュームの意味に於ける matters of fact〔事實の事〕に就いての學である。

二、心理學は、實在に就いての學である。心理學的『現象學』としての心理學が取扱ふ『現象』は實在的なる出來事であつて、これはかかるものとして、それが現實的定在をもつ限り、此の出來事の屬する實在的主觀と共に、omnitudo realitatis〔全實在界〕としてのひとつの時空間的世界に屬する。

これに反して純粹乃至先驗的現象學は事實學としてではなく本質學(『形相的』學)として基礎づけられるであらう。即ち專ら『本質認識』だけを確定せんとし、『事實』を確定せんとは全然しない學としてである。此の場合の還元――即ち心理學的現象から純粹『本質』へ、或は判斷的思惟に於いては事實的(『經驗的』)普遍性から『本質』普遍性へと遷り行く還元――は形相的還元である。

第二に先驗的現象學の現象は非實在的なる事を特質とされるであらう。形相的還元とは別の、先驗的といふ種類に屬する還元は、心理學的現象を、此の現象に實在性を與へその故に之を實在的『世界』の一種たらしめるものから『純化する』。吾々は吾々の現象學を、實在的現象のでなく、先驗的に還元されたる現象の本質論たらしめんとする。

上述のすべてが更に詳細には何を意味するかは、以下述べる所に於いて初めて明かになるであらう。今は姑く若干の序説的研究の圖形的輪廓を示したのである。私は此處で唯ひとつの注意を附け加へる必要があると思ふ。上に傍點を附した二點に於いて、普通一般に行はれてゐる唯一の學の分類卽ち實在科學と觀念科學（或は經驗的科學と先天的科學）といふ分類の代りに、却つて、事實と本質、實在的なるものと非實在的なるものといふ二組の對立に應じてする二つの分類が用ゐられてあつたのは讀者を驚かすことであらう。實在的と觀念的との對立の代りに此の二重の對立を區別する事は吾々の研究の後の進行に於いて（卽ち第二卷に於いて）詳細に立證されるであらう。又、實在といふ概念はひとつの基礎的なる境界づけを必要とするのであつて、之に依つて實在的存在と個體的存在（全く時間的なる存在）との間に區別が確立されねばならぬといふ事が示されるであらう。純粹本質への移行は、一方に於いては實在的なるものに就いての本質認識を、他方に於いては殘りの領域に關して、非實在的なるものに就いての本質認識を與へる。また更に、先驗的に純化された『體驗』はすべて、決して『現實的世界』に算入される事なき非實在であるといふ事が示されるであらう。此の非實在こそ正に現象學の研究するものである、が併し個別的單獨體としてではなく『本質』に於いてである。併し乍ら先驗的現象は如何なる點に於いて個別的事實として研究され得るかといふ事、及び斯くの如き事實研究は形而上學なる觀念に對し如何なる關係を有つであらうかといふ事は、本研究の結末の部分に於いて初めて考察されるに至り得るであらう。

併し第一巻に於いて吾々は、啻に先驗的に純化されたる意識とそれの本質雙關者とを吾々に觀取到達せしめる現象學的還元に就いての一般論を扱ふに止まることなく、尙ほ吾々は此の純粹意識の極めて一般的なる構造に就いての明確なる觀念を獲得し、之を仲介として、此の新しき學に屬する最一般的なる問題群、研究方向及び方法の明確なる觀念を獲得すべく試み度いとも思ふのである。

次に第二巻に於いて吾々は二三の特に重要なる問題群を詳細に取扱ふ。之等問題群の體系的表現と範型的解決とは、一方に於いては物理的自然科學、心理學及び精神科學に對し又他方に於いては先天的なる學の全體に對する現象學の困難なる關係を眞に明瞭ならしめる爲めの豫備條件である。その場合描かれる現象學的スケッチは同時に、第一巻に於いて獲られた現象學の理解を著しく深め且つ現象學の廣大なる問題圏に關する遙かに內容豐富なる知見を獲得するに適する如き手段を提供するものである。

最終の第三巻は哲學の觀念に充てられてある。絶對的認識なる觀念を實現する事をその目的とする眞の哲學は純粹現象學に基づくものである、そして此の事は、全哲學の此の第一哲學を體系的に嚴密に基礎づけ完成する事が各形而上學及びその他の哲學――『學として現はれ得るであらう如きそれ』――にとり缺くべからざる豫備條件をなすといふ程に重大な意味に於いてである、といふ此の洞觀が第三巻に於いて喚起されるであらう。

現象學は今、ひとつの本質學として——ひとつの『先天的なる』學として、或は又形相的なる學とも呼ばれる學として——基礎づけらるべきである。それ故現象學そのものに捧げらるべきすべての努力に先立つて、本質及び本質學に關する一聯の基礎的討究と自然主義に對する本質認識の本來的固有權利の擁護とをなすのが有利である。——

術語の簡單な吟味を以て吾々は此の緒論を終へよう。先天的、後天的といふ言葉は、既に『論理學的諸研究』に於いての通り、私は成る可く之を避けようと思ふ。その理由は、之等の言葉には、普通の用法では人を迷はす不明瞭や多義やが附著してゐるからであり、又過去の惡い遺産として、惡評ある哲學說が結びついてゐるからでもある。で之等の言葉は、前後の聯關で意味が一定される場合、及び明晰にして一定的な意義が與へられてゐる他の用語が附加されて此の附加された用語と同義語をなす場合に限つて使はうと思ふ。殊に歷史的並行關係を想はせる必要がある場合に於いてさうである。

イデー及びイデー的といふ言葉は、多義混亂の點に於いて、恐らくそれ程甚だしくはないであらう。併し、拙著『論理學的諸研究』が屢々誤解を受けたので痛感させられた通り、やはり概して相當よくない言葉である。私が此の術語を換へることにするのは、最も重要なるカントの所謂イデーの概念を、(形式的乃至質料的)本質といふ一般概念から全く引き離しておき度い要求に迫られる爲めでもある。それで私は、外國語としては、術語として未だ使ひ古されてゐない Eidos

（形相）の語を、ドイツ語としては、無害ではあるが併し時には確かに厄介な曖昧を有つ Wesen（本質）の語を用ゐようと思ふ。

酷く多様な意味を負はされてゐる Real（實在的）といふ言葉は、適當な代用語を得さへしたらば、之を取り除き度かつたのであるが能はず遺憾に堪へない。

猶ほ一般的な注意を加へよう。全く歴史的哲學用語の範圍外に在る様な術語を選ぶことは不可能である。又殊に、哲學上の根本概念は、直接達し得る直觀に基づいて何時でも同一義と認められ得る確定的概念に依つて定義的に決定される事ができない、否寧ろ、終局的に解明規定されるには一般に長い研究が先行しなければならない。それ故、略ぼ同様の意味に使はれる數個の一般用語を――その個々を術語として明別した上で――組立てて作られる複合語法は屢々必要なのである。哲學に於いては數學に於ける如くには定義する事ができない。此の點からみて數學の態度を模倣する事は悉く啻に無益な許りでなく悖理であり、且つ又有害な結果を伴ふものである。尙ほ又、此の點に關して――一般的にも――右の術語を哲學的傳統と仔細に批判的に比較する事は本書の紙幅の都合上からも既に斷念せざるを得ぬのであるが、併し論考の途次一定にして自身に明證的なる指示に依つて確定的意味を保たしめることにしよう。

（一） E. Husserl, »Logische Untersuchungen«, 2 Bde., 1900 und 1901.

（二） 拙稿 »Philosophie als strenge Wissenschaft«, »Logos«, Bd. I, S. 316-18 に於いて。（特に經驗の概念に關する論述、頁三一六に注意）。拙稿 »Bericht über deutsche Schriften zur Logik in den Jahren 1895-99«, »Archiv.

f. system. Philosophie《, Bd. X (1903), S. 397-400. に於いて既に現象學と記述的心理學との關係に捧げた詳細な議論を參照。今日も猶ほ私は一語をも變ずることが出來ないであらう。

第一卷　純粹現象學概説

第一篇　本質と本質認識

第一章　事實と本質

一、自然的認識と經驗

自然的認識は經驗と共に起り經驗の内に留まる。それ故吾々が『自然的』と呼ぶ理論的觀方に於いては、可能なる研究の全地平は一語を以て示される。即ちそれは世界である。隨つて、此の根源的なる（一）觀方に立つ諸學は總じて世界に關する學である。そして專ら此の觀方のみが行はれる限り、『眞の存在』、『現實的存在』、即ち實在的存在といふ概念と『世界に於ける存在』といふ概念とは——すべての實在的なるものは合して世界といふ統一になるのであるから——互に合致する。

各々の學には、その研究領分として或る對象範圍が對應する。そして之等諸學のすべての認識、即ち此處では正しき供述には、當該範圍の對象がそれに於いて自體に與へられ或は尠くとも部分的には原的に與へられる如き確實な直觀が、供述の正しさを示す基礎づけの源泉として對應する。最初の、即ち『自然的』なる認識領界とその領界の學のすべてとの能與直觀は自然的經驗であり、此の原的能與の經驗は、普通の意味に解されたる知覺である。實在的なるものが原的に與へられてゐるといふ事と、それを端的に直觀して『認知』し『知覺』するといふ事とは同一である。原的經驗を吾々は物的なる事物に就き『外知覺』に於いては有つのであるが、併し回想乃至豫期的期待に於いては最早有たない。又吾々は原的體驗を吾々自身や吾々の意識狀態に就き所謂內知覺乃至自己知覺に於いて有つのであるが、併し他人や他人の體驗に就き『感情移人』に於いて有つといふ事はない。吾々は他人の身體的表現に對する知覺を基礎として『他人に於いて彼等の體驗を認める』。感情移入に依つて斯く認めるといふ事は成程直觀的、能與的作用ではある。けれども最早原的能與の作用ではない。他人とその精神生活とは成程『自體其處に』、そして其の身體と一つのものとなつて其處に、在りとして意識されはする。併し其の身體の如く原的に與へられたりとして意識されはしない。

世界は、可能的經驗及び經驗認識の對象——即ち顯在的經驗を基礎として正しき理論的思惟に依つて認識せられ得べき對象——の總體である。經驗科學の方法は詳細には如何なる工合であるか。又その方法は經驗の直接所與の狹い埒內を超える自己の權利を如何にして基礎づけるのであるか。此の事は今此處に論ずる限りでない。意味の廣狹を問はずすべての所謂自然科學、即ち物質的自然に關する諸學、並びに又心的＝物的自然を具へたる「心を有てるもの」に關する諸學、隨つて又生理學、心理學等々の如き、は悉く世界に關する學であり、隨つて自然的觀方に立つ學である。同樣に又すべての所謂精神科學、即ち歷史、諸文化科學、各種の社會學的學科等も亦之に屬する。この場合之等精神科學は自然科學に並列さるべきか或は對立さるべきか。乃至は精神科學そのものは自然科學と見做さるべきか或は本質的に新しき型の學と見做さるべきか。此の事は吾々は姑く決定せずに置いて差閊へない。

（一）　此處に根源とは何等歷史の意味でいふのでない。此の根源といふ言葉に於いては、心理學的＝因果的發生も發生學的發生も考へる必要なく、又考へてはならない。之等以外如何なる意味であるかは、後に至つて初めて反省的に學的に明晣となるであらう。併し、＊經驗的＝具體的な事實認識が他の認識の各々——例へば數學的＝イデー的認識の各々——より先にあるといふ事が何等時間的意味を有つ必要なく非時間的に了解出來るといふ事柄は、誰しも始めから感知してゐる所である。

＊　第二版に於いては「客觀的なる時間的意味」となつてゐるが、第三版に於いては「客觀的なる」を削除して初版の形に歸つてゐる。（譯者註）

二、事實、事實と本質との不可分離性

經驗科學は『事實』學である。基づけの働きをする經驗といふ認識作用は實在的なるものを個

體的に措定する。即ちそれを空間的＝時間的に定在するものとして措定する。即ち此の時間位置に在り、自己の此の持續を有ち、その本質上他の如何なる時間位置にも同樣に在り得たであらう如き或る實在內實を有つ所の或るものとして措定する。更に又、此の場所に此の物的形態に於いて在る（或は此の形態を有つ身體と一つになつて與へられて在る）所の或るものとして措定する。此の場合同じ實在的なるものが、それ自身の本質から見て、如何なる任意の場所にも、如何なる任意の形態に於いても亦同樣に在り得るのであり、現に事實としては變化してゐないが變化する事もできるのであり、或は事實變化するとは別の仕方で變化する事もできるのである。如何なる種類の個體的存在も、おしなべて『偶然的』である。それは斯樣である、が併しそれはその本質上斯樣とは別樣でもあり得るのである。斯々の實在的狀態が事實として存する場合には斯々の一定の結果が事實として存せざるを得ぬといふ事を示す或る一定の自然法則が妥當するにしても、斯くの如き法則は唯事實的規則づけを表出してゐるに過ぎないのであつて、此の規則づけ自身は全く別樣でもあり得るのであり、且つ又それは可能的經驗の對象の本質に始めから屬する事柄として、「此の規則づけに依つて規則づけられてゐる斯くの如き經驗對象はそれ自體として見れば偶然的なものである」といふ事を旣に前提してゐるのである。

併し乍ら事實性と呼ばれる此の偶然性は、時空間的事實の整頓に就いて妥當する規則の單なる事實的存立を意味するのでなくて本質必然性といふ性格を有する所の、その故に又本質普遍性に對し關係を有つてゐる所の、或る必然性に雙關的に關係してゐる。此の點でその偶然性の意味は制限されるのである。吾々は曩に各々の事實は『それ獨自の本質上』現在とは別樣であり得ると言つたのであるが、それは既に、「各々の偶然的なるものの意味には、正に或る本質を、その故に又純粹に把捉さるべき或る形相を有つといふ事が含まれてゐる」といふ事を言ひ表はしたものである。が此の形相は今や種々なる段階の普遍性を有つ本質眞理に屬するのである。個體的對象は、單に一般的に個體的なる對象、此處に在る此のもの！、一回的なる對象といふに過ぎぬものではなく、それは『それ自身に於いて』斯々の性質ある對象として、それの特質を有つてゐる。即ち、その對象の他の第二次的な相對的規定が屬し得る爲めには『對象がそれ自身に於いてあるが如くに在るもの』としてのその對象に是非屬さねばならぬ所の本質的客位語の貯へを有つてゐるのである。それで例へば、各々の音はそれ自身にひとつの本質を、最高には音一般或は寧ろ聽覺的なるもの一般といふ普遍的本質――これは個體的なる音から（單獨に、或は他の個體的なる音との比較に依つて、『共通なるもの』として）觀取さるべき契機として純粹に解される――を有つてゐる。同樣に各々の物質的なる物はそれ固有の本質性質を、最高には、時間規定一般、持續、形象、質料性等一般を具へたる『物質的なる物一般』といふ普遍的なる性質を有つてゐる。個體の本質に屬するものはすべて、他の個體も亦之を有つ事が出來る、そして今吾々が例示した如き種類の最高の本質普遍性は個體の『領域』乃至『範疇』を境界づけるのである。

三、本質諦視と個體直觀

先づ第一には『本質』は、個體といふ獨自的存在に於いてそれの何として見出されるものを指した。併し斯くの如き何の各々は、『イデーの中へ置』かれ得る。經驗的直觀卽ち個體直觀は本質諦視（イデー化）へ轉化され得る——この可能性こそは經驗的可能性でなく本質可能性と解さるべきである。そこで、諦視されたものは、最高範疇にせよ、その特殊化（完充なる具體者に迄至る特殊化）にせよ、兎に角個體に對應する純粹なる本質乃至形相である。

本質を付與する、時には原的に付與する此の諦視は、例へば吾々が本質としての音に於いて容易に達し得る如く、十全なる諦視であり得る。が又多少とも不完全なる、卽ち『不十全』なる諦視でもあり得る。そして此の事は明晰判明度の多少に就いてのみ言はれるのではない。或る種の本質範疇の特性には、それに屬する諸本質は唯『一面的』に、順次的には『多面的』に與へられ得るが而も『全面的』には決して與へられ得ない、といふ事が含まれてゐる。隨つて之に雙關して、斯くの如き本質に對應する個體的單獨者は、唯不十全なる『一面的』、經驗的直觀に於いてのみ經驗され表象されるに過ぎない。此の事は事物的なるものに關する本質の各々に對して、詳しくは延長或は質料性といふ本質成分のすべてに就いて、言ひ得られる。加之、更に仔細に見れば——後に行ふ分析に依つて明かになる如く——すべての實在一般に對して言ひ得られるのである。

勿論その場合には一面性、多面性といふ曖昧な言葉は一定の意味を與へられ、そして不十全性の種々なる種類が區別されるであらう。

今は姑く次の事を指示して置けば足りる。卽ち、物的事物の空間形態が既に原理的に唯單なる一面的射映に於いて與へられ得るに過ぎぬといふ事、又、連續的直觀をどれ程進ませて行つて如何なる獲物を得たとしたところで猶は且つ殘存する所の右の不十全性を度外視しても各々の物的特質は吾々を無限の經驗へと導き入れるといふ事、又、經驗の多様は假令如何に廣く擴げられても更に一層詳細にして且つ新しき事物規定を展開するといふ事、そして斯くて無限に至るといふ事、である。

十全なるにせよ不十全なるにせよ、孰れの種類の個體直觀と雖も、それは本質諦視へ轉向するを得る、そして本質諦視は、個體直觀に對應して又十全なるにせよ不十全なるにせよ、能與の作用たる性格を有つてゐる。以上の事には次の意味が含まれてゐる、卽ち、

本質（形相）は新しき種類の對象である。個體直觀卽ち經驗的直觀に於ける所與は個體的對象であるが、それと同樣に、本質諦視に於ける所與は純粹本質である。

此處には單に外面的に過ぎざる類比があるのではなく、根本的なる共通性がある。形相的對象が正に對象である樣に、本質諦視も亦正に直觀である。『直觀』と『對象』といふ雙關的に組をなしてゐる概念を更に擴張する事は、勝手な思ひ付きではなくして、事象の本性に依つて强制的

に要求されてゐるのである。(一)經驗的直觀、卽ち特別な用語で言へば經驗、は個體的對象に就いての意識である。そして直觀的意識として『それは個體的對象を所與に迄齎し』、知覺としてそれは原的所與に迄、卽ち對象を『原的』に、それの『有體的』自性に於いて把捉する意識に迄齎すのである。それと全く同樣に本質直觀も或るものに就いての意識である。卽ち或る『對象』、卽ち直觀の視向が向ひ、直觀に於いて『自體に與へられ』てゐるひとつの或るもの、に就いての意識である。が此のものは亦他の作用に於いて『表象』され、漠然と或は判明に思惟され、眞及び僞なる述定の主辭とされることも出來る——例へば、形式論理學の必然的に廣い意味に於ける各々の『對象』の如きはまさしく之である。各々の可能なる對象、論理的に言へば『可能的な眞なる述定の主辭の各々』は、あらゆる述定的思惟以前に、表象し、直觀し、對象を時にその『有體的自性』に於いて發見し『把捉』する所の視向の中へ這入る、それ固有の仕方を有つてゐる。本質諦視はそれ故、直觀である。そしてそれは深い意味に於ける諦視であつて、單なるそして恐らくは漠然たる現前化ではないとすれば、それは本質をその『有體的』自性に於いて把捉する原的能與の直觀である。(二)併し他面に於いてそれは原理的に獨自にして新しき種類の直觀である。と言ふのは、卽ち他の範疇の對象性に雙關的に關係する種類の直觀、特に言へば普通の狹い意味に於ける直觀卽ち個體直觀に比して、獨自にして新しいのである。

個體直觀の主要素、卽ち個體的なるものが現出してゐるといふ事、分明であるといふ事が、本質直觀の根柢に横はつてゐるといふ事柄は慥かに本質直觀の特性の中に存してゐる、勿論個體的なるものの如何なる把捉も、又現實としての如何なる種類の措定も、其處に在るのではないが。その結果本質直觀は、それに『對應する』個體的なるものへの視向擬向と類例意識の形成との自由なる可能性がなければ不可能であるといふ事は慥かである、——と同樣に亦逆に個體直觀も、イデー化遂行の自由なる可能性と、該個體に對應し且つ個體的に分明なるものに於いて類例化してゐる本質の方へ、イデー化に於いて視向を向ける事の自由なる可能性とがなければ不可能である。併しながら此の事は、兩種の直觀は原理的に異なつてゐるといふ事實に何等の變化を來さない。そして吾々が今述べた如き命題には唯兩種の直觀の本質關係だけが示されてゐるにすぎない。直觀の本質的區別には、『現存』(Existenz)(此處では明かに個別的に定在するものの意味)と『本質』(Essenz)即ち事實と形相との間に於ける本質關係が照應してゐる。斯くの如き聯關を辿つて吾々は、以上の用語に屬して居り且つ今後確定的に屬さしめられる概念的本質を洞觀的に把捉する。斯くて、主として形相(イデー)、本質等の概念に附隨してゐる幾分神祕的な思想はすべて綺麗に除去されて了ふのである。(三)

(一)　此の簡單にして且つ全く基本的な洞察を確認する事が、現代の心理學者達には如何に困難であるかは、例へば、丁度今入手した著書 »Realisierung« I (1912), S. 127. に於いてオスヴルト・キュルペが、範疇的直觀に關する私の說に對して加へてゐる奇妙な駁論が適例である。私は此の優れた學者に依つて誤解された事を遺憾に思ふ。けれども、本來の論定の意味が跡形なしにされる程完膚なく誤解されてゐる場合には、批判的答辯は不可能であらう。

(二)『論、研、』に於いては私は、イデー化といふ言葉は原的能與の本質諦視といふ意味に、加之多くの場合には十全なるそれの意味に使用する習慣であつた。けれども此の言葉には、端的且つ直接に本質に向つて之を把捉し措定する意識の各各――之は『不明なる』隨つて最早直觀的ならぬ意識の各々をも含む――を包括する所の一層自由なる概念を與へる事が明かに必要である。

(三)『ロゴス』誌第一卷に於ける拙論三一五頁參照。

四、本質諦視と想像、本質認識はすべての事實認識から獨立

形相即ち純粹本質は經驗所與、例へば知覺、回想等々の經驗所與に於いて、直覺的に類例化し得る。が同樣に又單なる想像所與に於いても類例化し得る。それ故吾々は、本質を自體に又原的に把捉する爲めには、それに對應する經驗的直觀から出發し得る。と同樣に又經驗的ならぬ、定在把捉的ならぬ、寧ろ『單に想像的なる』直觀からも出發し得る。

吾々が自由想像に依つて任意の空間形態、旋律、社會上の出來事等々を創り出し、或は經驗、適意乃至不適意、意欲等々の作用を假構すると、それに於いて吾々は『イデー化』に依つて種々なる純粹本質を――例へばそれが空間的形態、旋律、社會上の出來事等々一般の本質にせよ、或は當該特殊類型の形態、旋律等々の本質にせよ――原的に諦視し時には加之十全にさへ諦視する事が出來る。此の場合、斯くの如きものが何時か顯在的經驗に於いて與へられたか否かといふ事は、どうでも良い事である。**心理學上からは**如何なる奇蹟に依るにせよ兎に角自由假構といふも

のが、原理的に新しき種類の與件、例へば經驗に於いては嘗つて現はれた事なく又何時も現はれぬであらう如き感性的與件を想像せしめるとしても、此の事はその想像された與件に應ずる本質が――想像された與件は決して現實的與件ではないにも拘らず――原的に與へられるといふ點には何等の變化をも及ぼさないであらう。

以上と本質的に聯關する事であるが、本質を措定して先づ第一にそれを直觀的に把捉するといふ事は何等か或る個體的定在の措定を少しも含んでゐないのであり、又純粹なる本質眞理は事實に就いての主張を少しも含んで居らず、隨つて本質眞理のみからしては毫末の事實眞理も導出され得ないのである。すべての事實思惟、事實供述は（此の事實思惟の確實性の本質が經驗を必然的に要求する限り）自身の基礎づけの爲めには經驗を必要とする。それと同樣に純粹本質に就いての思惟――純一なる、卽ち事實と本質とを結合せざる思惟――は、基礎づけの土臺として本質諦視を必要とする。

五、本質に就いての判斷と形相的普遍妥當性を有つ判斷

ところで今度は次の事に注意せねばならぬ。本質及び本質態に就いての判斷と形相的判斷一般とは、吾々は後者の概念はこれを廣く解さねばならぬ故に、兩者同一でない。卽ち形相的認識はそのすべての命題に於いて本質を『被客觀化對象』とするわけでない。而して之と密接に聯關し

てゐる事であるが、經驗卽ち存在把捉に類比をなす意識（卽ち、經驗に於いて個體的なるものが把捉されると同樣にそれに於いては本質が對象的に把捉される意識）としての——上來解した如き意味の——本質直觀は、如何なる定在措定をも排除して本質を自身の裡に藏する意識として唯一のものなのではない。本質は、それが『被客觀化對象』とならぬのに、直覺的に意識される事も出來るし、又或る仕方では、把捉される事も出來る。

吾々は判斷から出發しよう。更に精しく言へば、本質に就いての判斷と、絕對普遍的な仕方で且つ個體的なるものの措定を交へずに、而も個體的なるものに就いてではあるが純粹に本質の單獨體として「一般」といふ樣態に於いて判斷する判斷と、此の二つの判斷の間の區別を論ずるのである。例へば吾々は純粹幾何學に於いては通例直線、角、三角形、圓錐曲線等々といふ形相に就いて判斷するのではなく、直線や角一般或は『そのもの』に就いて、個體的三角形一般に就いて、圓錐曲線一般に就いて、判斷するのである。斯くの如き全稱判斷は本質普遍性といふ性質を、卽ち『純粹』なる、或は又所謂『嚴密』なる、絕對『無制約的』なる普遍性といふ性質を、有つてゐるのである。

議論を簡單にする爲め吾々は、今問題となつてゐるのは、事實如何なる他の判斷も間接的基礎づけに於いて還歸する『公理』卽ち明證的判斷に就いてである、といふ事にしておかう。斯くの如き判斷は——それが、此處に前提されてゐる如く、旣述の仕方で個體的單獨體に就いて判斷するものなる限り――それをノエシス的に基礎づける爲め、換言すればそれを洞觀的たらしめる爲めには、或る一種の本質諦視を必要とする。之は（變樣された意味で）本質把捉とも呼び得られよう。そして此の本質諦視も亦、對象化的本質直觀と同樣、本質の個體的單獨體を分明にして居るといふ事に基づいてゐるが、併し右單獨體の經驗には基づいてゐない。此の本質諦視にとつても亦單なる想像表象乃至は寧ろ想像分明性で十分である。分明なるものはそのものとして意識されてゐる。それは『現出』してゐる。けれども定在するものとして把捉されてはゐない。吾々が例へば本質普遍性（『無制約的』にして『純粹』なる普遍性）に於いて『色一般は音一般と異なる』と判斷する場合の如きは、今述べた事を確證する例である。本質『色』の單獨者や本質『音』の單獨者は直覺的に『表象』される。而もその單獨者の屬する本質の單獨者として表象される。其處には（定在措定を伴はぬ）想像直觀と本質直觀とが同時に或る仕方で存する。但し後者本質直觀は本質を對象とする直觀としてではない。所が、此の事情の本性には、これに對應する客觀化的觀方への轉向は吾々に何時でも自由であるといふ事、此の轉向は正に本質可能性であるといふ事、が屬してゐる。此の變更された觀方に隨つて判斷も亦變化するであらう。即ちその場合には判斷は「本質（『類』）色は本質（類）音とは別のものである」となる。その他すべて此の例に倣ふ。

逆に、本質に就いての各々の判斷はその本質の單獨體そのものに就いての無制約的に普遍的なる判斷へ等値的に飜へされる事が出來る。斯くの如き仕方で、純粹なる諸本質判斷（純粹に形相的なる諸判斷)は、如何なる論理的形式であらうとも、相屬してゐるものである。それ等本質判斷の共通點は、それ等は個體的なるものに就いて――正に純粹なる本質普遍性に於いて――判斷する場合と雖も、何等の個體的存在をも措定しないといふ事である。

六、二三の基礎概念、普遍性と必然性

扨以下の諸概念は明かに相屬してゐる。卽ち形相的判斷作用、形相的判斷卽ち形相的命題、形相的眞理(卽ち眞なる命題)、後者の雙關者としては、形相的眞理の裡に成立するものとしての單に形相的事態そのもの、最後に前二者の雙關者としては、單なる被思念性といふ變樣された意味に於ける、卽ち、存立的でも或は非存立的でもあり得る所の判斷されたそのものといふ意味に於ける、形相的事態がそれである。

形相的に普遍的なる事態の形相的特殊化及び單獨化の各々は、それが然る限り、ひとつの本質必然性と呼ばれる。それ故本質普遍性と本質必然性とは雙關者である。けれども、必然性と言ふ場合、相屬的雙關關係に隨つて、その意味は動搖する。卽ち右の事態に對應する判斷も亦必然的と呼ばれるのである。併し、區別を顧慮する事、殊には本質普遍性を(普通なされる如く)それ自身に必然性なりと稱せざる事が肝要である。必然性の意識、更に詳しくは、事態が形相的普遍性の特殊化として意識されてゐる判斷意識は必證的意識と呼ばれ、判斷自身卽ち命題は、それが

關係されてゐる普遍的命題の必證的（或は又必證的＝『必然的』）歸結と呼ばれる。普遍性、必然性、必證性の間の關係に就いて述べた諸命題は又、純粹に形相的なる領界に限らず任意の領界に對して妥當する樣に一層廣義に解される事も出來る。けれども之等の諸命題は、形相的領界に限定される事に依つて、明かにひとつの著しき又特に重要なる意味を獲得する。

個體的なるもの一般に就いての形相的判斷作用の、個體的なるものの定在措定に對する關係も亦極めて重要である。本質的普遍性は、定在的として措定された個體的なるもの、乃至個體的なるものの無限定的に普遍的なる領界（此の領界は定在的領界としての措定を受ける）に移される。幾何學的眞理を、（現實的なりとして措定されたる）自然の事例に『適用』することは皆此の例に屬する。依つて、現實的なりとして措定された事態は、個體的現實態なる限りは事實である、が本質普遍性の單獨化なる限りは形相的必然性である。

自然法則の無制限なる普遍性を本質普遍性と混同してはならない。『すべての物體は重量がある』といふ命題は勿論、全自然內に於けるある一定の事物性を定在的として措定するものではない。けれども此の命題は、その意味上自然法則として、依然ひとつの定在措定を、即ち自然そのものの、時空的現實の、措定を自身に伴つてゐるのであつて、すべての物體――自然に於いてはすべての『現實的』物體――は重量があるといふ意味である。その限り此の命題は一定の事物性を措定するものではないにも拘らず、形相的普遍的命題の有つ無制約的普遍性を有つてゐるわけではないのである。それに反して『すべての物質的事物は延長がある』といふ命題は、主辭の側面で行はれる定在措定が排去される限り、形相的妥當性を有つてゐて、純粋に形相的なる命題と解され得る。此の命題は、物質的事物の本質の中に又延長の本質の中に純粋に基礎を置いてゐる事柄を供述し、又吾々が『無制約的』普遍妥當性として洞察し得る事柄を供述してゐる。此の事の可能なのは、吾々は物質的事物の本質を（例へば物質的事物に就いての自由假構を基礎として）原的所與に迄齎し、次いで此の能與意識に於いて思惟の歩みを――上の命題が明示した本質態の『洞觀』即ちその原的所與が要求する所の思惟の歩みを――遂行するに由るのである。空間に於ける現實的なるものが此の種の諸眞理に適ふといふ事は單なる事實ではなくして、本質法則の特殊化としてひとつの本質必然性である。此の場合に於いて事實とは、それに對して適用が行はれる現實者そのものに過ぎないのである。

七、事實學と本質學

如何なる個體的對象にもそれの本質として或る本質額が屬してゐるのであつて、それは逆に如何なる本質にも、その本質の事實的單獨化とも言ひ得べき可能なる諸個體が對應してゐるのと同樣である。此の事は、個體的對象と本質との間に存する（それ自身に形相的なる）聯關に依るのであるが、此の聯關は、事實學と本質學との間に於ける右聯關に對應する相互關係を基礎づけるのである。純粋本質學、例へば純粋論理學、純粋數學、純粋時間論、空間論、運動論等々の如き諸學がある。之等諸學は、そのすべての思惟の歩みの上から見て、事實の措定とは全然無關係である。同じ事を更に言ひ換へれば、之等諸學に於いては經驗としての經驗、即ち現實としての經驗、定在を把捉し或は措定する意識としての經驗は、基礎づけの機能を擔當するを得ない。之等諸學に於いて經驗が働いてゐる場合と雖も、それは經驗として働いてゐるのではない。黑板の上に圖形を描く幾何學者は、その描く事に依つて、事實的に定在する黑板の上に事實的に定在する線を創り出す。幾何學者が物を創り出すといふ事と同樣に、その創り出されたものを彼が經驗するといふ事（經驗する事としての經驗する事）も亦、彼の幾何學的なる本質諦視及び本質思惟に對して基礎づけをなすものではない。それ故、彼がその際幻覺に陷つて居ても居なくても、又實際に描く代りに線や作圖を想像界へ作るか否かも、それは問ふ所でない。自然科學者に於いては事情は全く異なる。彼は觀察し實驗する。換言すれば彼は經驗的定在を確立する。即ち彼にとつては經驗する事が、單なる想像に依つては決して代用され得ないと言はれる所の基礎づけ作用なのである。此の故にこそ、言ふまでもなく事實學と經驗學とは等値概念なのである。然るに、現實ではなく『イデー的可能性』を、現實態ではなく本質態を探究する幾何學者にとつては、經驗の代りに本質諦視が究極的基礎づけの作用なのである。

以上はすべての形相的なる學に於いても言ひ得る。間接洞觀的なる思惟に依つて、而も全く直接洞觀的なる原理に隨つて、所與に迄齎される所の間接的本質態は、直接的洞觀に依つて把捉される本質態（或は形相的公理）を基礎とする。此の故に間接的基礎づけの歩みは何れも必證的であり、形相的に必然的である。それ故、純粹に形相的なる學の本質は、斯學が全く形相的なる態度を執るといふ點に在る。卽ち形相的妥當性を有つ事態——隨つて直接に原的所與に迄（原的に諦視された本質に直接基礎を置くものとして）齎され得るか或は斯くの如き『公理的』なる事態から純粹推理に依つて『歸結』され得るかの事態——以外には、終始一貫して何等の事態をも認識しないといふ點、に在るのである。

實は近代數學に至つて初めてその實現を敎へられた所の精密なる形相學の實際的理想なるものは、右の事柄と聯關してゐる。その理想といふのは卽ち、思惟の間接的進行のすべてを、體系的に固く組織されたる當該形相の諸公理の下への單なる包攝に還元して、又若し（普遍學といふ（二）最廣義に於ける）『形式的』乃至『純粹』論理學そのものが初めから問題とされてゐない限りは、此の論理學の全公理の助けを藉りて、それに依つて如何なる形相的學にも最高度の合理性を付與しようといふのである。

而して上述の事とは亦『數學化』の理想も聯關してゐる。此の理想は、今その特質を述べた理想と同じく、認識の全領が（例へば幾何學に於ける如く）純粹に演繹的なる必然性といふ點に於いて若干少數の公理の普遍性の外に出でない所の『精密』形相學科のすべてに對して、認識運用

上の重大なる意義を有つてゐる。今は此の點を細論すべき場所でない。（二）

（一）普遍學としての純粹論理學の概念に就いては『論、研、』第一卷、末章參照。
（二）此の點に就いては本書後述第三篇、第一章、第七節參照。

八、事實學と本質學との依屬關係

上來述べた所に依つて明かなる如く、形相的なる學はその意味上、經驗的なる諸學の認識成果の内含を悉く原理的に排斥する。之等經驗的諸學の直接なる諸論定に現はれる現實性措定は、無論すべての間接的論定を貫いてゐる。事實からは常に事實のみが結果する。

扨一切の形相學は一切の事實學に對し原理的に非依屬的であるが、他方事實學の方に就いてはそれと逆の事が言はれる。學として完全に發達し乍ら、而も形相的認識と無關係であり得、隨つて又形式的であれ質料的であれ兎に角形相的なる諸學に對し非依屬的であり得る如き事實學は存在しない。何故ならば、第一に經驗科學は、判斷に依る間接的基礎づけを行ふ場合には必ず、形式的論理學の取扱ふ形式的原理に隨つて進まざるを得ないのは自明の理であるからである。また、一般に經驗科學は、何れの學も然るが如く對象の方へ向つてゐる故、對象性一般の本質に屬する法則に繫縛せられざるを得ない。それ故經驗科學は、狹義の形式的論理學以外にも、形式的なる『普遍學』に屬する爾餘の諸學科（隨つて算術、純粹解析、集合論）をも包括する所の形式的存在學の諸學科全體と關係して來るのである。加ふるにまた第二の理由としては、如何なる事實も或る質料的なる本質額を含んで居り、此の事實中に含まれてゐる純粹本質に屬する形相的眞理の各々は、與へられたる事實的單獨體——並びに各々の可能的單獨體一般も——が繫縛されてゐる所の或る法則を示さざるを得ぬからである。

九、領域と領域的形相學

各々の具體的なる經驗的對象性は、その質料的本質の點からみて、ひとつの最高の質料的なる類即ち經驗的對象の『領域』に屬する。そこで純粹なる領域的本質には領域的形相學、乃至吾々の別稱し得る所に依れば、領域的存在學が對應する。此の場合吾々は次の事を認容する。それは、領域的本質乃至それの成素たる種々なる類に基づいて非常に豐富にして且つ多岐なる認識がある、それ故領域の個々の類成素に應じて存在學の諸學科のひとつ或は全體に就いて語るのが右認識の體系的發展一般の上から云つて有益である、といふ事である。此の豫想が事實非常に廣い範圍に於いて實現されてゐるといふ事は、吾々は十分に確信し得られようと思ふ。それ故一領域の範圍に屬する經驗科學は、形式的存在學の諸學科へと同樣に、領域的存在學の諸學科へも本質的に關係されてゐるであらう。吾々は此の事を亦次の樣にも言ひ表はし得る。即ち、各々の事實學（經驗科學）は形相的諸存在學の中に本質的なる理論的基柢を有つてゐる、と。何故ならば、純粹にして且つ無制約的に妥當的なる仕方で領域の可能的對象のすべてに關係する所の豐富なる量の認識は――此の可能的對象が一部は對象性一般の空虛なる形式に屬し、一部は言はばすべての領域的對象の必然的なる質料的形式を示す所の領域の形相に屬してゐる限り――經驗的事實の研究に對し無意味であり得ないといふ事は（前述の認容が正しいとすれば）全く自明であるからである。

斯くの如くにして例へば自然科學のすべての學科に對しては――事實的自然には、純粹に把捉し得る形相、卽ち無限に豐富なる本質態を自身の裡に含む自然一般なる『本質』が對應してゐる限り――物的自然一般に就いての形相的學（自然の存在學）が對應するのである。吾々が、自然に就いての完全なる合理化せられた經驗科學といふ觀念――卽ちその學に含まれる特殊的なるものはすべて最普遍的にして且つ最原理的なる自身の基礎に還元されてゐる程に迄理論化の點で進步してゐる所の經驗科學といふ觀念――を考へてみると、此の觀念の實現は此の觀念に對應する形相的諸學の完成に本質的に依屬してゐるといふ事が明かである。それ故に又、すべての學一般に同樣な仕方で關係してゐる形式學の外に、自然の本質を、隨つて又、自然對象性そのもののすべての本質性質をも理性的な純粹さに於いて、卽ち正に形相的に、分解する所の質料的存在學の諸學科の完成に特に依屬してゐるといふ事が明かである。而して此の事は勿論如何なる任意の領域に就いても言ひ得られる。

認識運用上から言つても亦豫め次の事が期待さるべきである。卽ち、經驗科學が『理性的』段階即ち『精密』にして法則學的なる學の段階に近づけば近づく程、隨つて又完成せる形相學科を基礎となしその形相學を自己の基礎づけに用ふる程度が增せば增す程、その經驗科學は認識運用の働きの範圍と力とを愈々增大するであらうといふ事である。

此の事は理性的諸自然科學即ち物理學的諸自然科學の發達が確證してゐる。古代（而して本質的にはプラトン學派）に於いて既に純粹形相學として高度に完成されてゐた幾何學が、物理學的研究法に對し近世一擧に且つ大仕掛に利用されるに至つたのであるが、右自然科學の劃期的發達が近世に於いて始まつたのは言ふ迄もなく此の事實に依るのである。物質的なる物の本質は res extensa（延長ある物）たる事であり、それ故幾何學は斯くの如き物性の本質契機即ち空間形式に關係せる存在學の學科である、といふ事を近世は明かにした。更に進んで亦近世は物の普遍的（吾々の用語では領域的）本質の範圍は更に遙かに廣く迄及ぶといふ事も明かにした。その證據には、前述の發達は同時に、幾何學と同列に置かれ且つ經驗的なるものの合理化なる幾何學同様の機能を任とする新しき學科の一系列を完成するといふ方面をも辿つたのである。形式的及び質料的なる數學的諸學の壯麗な開花は此の傾向から生まれてゐる。之等諸學は强烈なる熱心さを以て、純粹に『理性的』なる學として（吾々の意味では形相的存在學として）完成され、或は新しく形成された。但し（近世の初期及びそれ以後長く）それらの學自身の爲めにではなく經驗的なる學の爲めに形成されたのである。かくてこれ等經驗的諸學も亦、讃嘆の的たる理論物理學と並行的に發達して、所期の成果を十分に收めたのであつた。

一〇、領域と範疇、分析的領域とそれの諸範疇

吾々が任意のひとつの形相學、例へば自然の存在學の中へ入つてみると、吾々は對象としての本質へ向つてゐるのではなく、今の例で言へば自然といふ領域に下屬する本質の對象へ向つてゐるのだといふ事を覺る。（これは勿論正常のことである。）がその場合吾々の看取する所に依れば、『對象』といふのは、例へば『物』、『特性』、『關係』、『事態』、『集合』、『順序』等々の如き多種なる、併し互に相屬する形態を表はす名稱なのである。勿論之等形態は互に同一平面上に在るものではない。それは夫々振り返つて、言はば原對象性なる上位を占める一種の對象性を溯示するのであつて、此の原對象性から見れば爾他すべての對象性は言はばその單なる轉化と見えるのである。今吾々の例で言へば、無論事物自身なるものが事物的特性、事物的關係等々に對し此の種の上位を占めるのである。けれども正に此の事こそかの形式的規法の一部なのであつて、その闡明がなければ、對象に就いての議論も對象領域に就いての議論も困亂を脱し得ないであらう。吾々は以下此の闡明を行ふのであるが、その闡明に由つて、領域の概念に關係ある重要なる範疇といふ概念が自ら生じて來るであらう。

範疇といふ言葉は、一面『領域の範疇』と複合語をなせば恰かも當該領域例へば物的自然とい

ふ領域を指示する。が又他面に於いては、その時々に一定なる質料的領域をば領域一般なる形式――換言すれば對象一般なる形式的本質及びこれに屬する『形式的範疇』――に關係せしめる。

最初に重要な注意を加へておかう。對象一般なる形式的本質と領域的本質とが互に同樣な役割を演ずる如く見える限り、初め一見した所では形式的存在學は質料存在學と同一線上に在る樣に思はれる。隨つて人々は今迄の樣に單に領域と言ふ代りに寧ろ質料的領域と言ひ、此の領域に並べて今度『形式的領域』なるものを置き度くなるであらう。吾々が若し此の言ひ表はし方を採用するにしても、若干の用心をしなければならない。一方には質料的本質が在つて、之は或る意味に於いて『本來的』本質である。併し他方には、形相的ではあるが質料的本質とは根本的に異なれるものがある。即ちそれは、成程ひとつの本質ではあるが併し全然『空虛』なる本質である所の單なる本質形式である。即ち又空虛形式といふ仕方であらゆる可能なる本質に適合し、自身の形式的普遍性に依りあらゆる普遍性を、最高の質料的普遍性をも、自身の下に下屬せしめ、且つ自己に屬する形式的眞理に依り之等すべての普遍性に法則を指定する所の本質である。さうするとやはり、所謂『形式的領域』なるものは實は質料的領域（單に領域と云はれるもの）と同列のものではないのである。即ち形式的領域は本來は領域でなく、領域一般の空虛なる形式なのである。それはすべての領域を――それ等領域のすべての實質的なる特殊化本質を含めて――自己と同列に置くものではなく、却つて（單に形式的にではあるが）自己の下に置くものである。扨斯く質料的なるものが形式的なるものに下屬するといふ事は、次の事に於いて示される。それは、形式的存在學は同時にあらゆる可能なる存在學一般（即ちあらゆる『本來的』且つ『質料的』なる存在學一般）の形式を自身の裡に藏して居り、質料的存在學に對しそれ等すべてに共通なる形式的規法を指定するといふ事である、——此の規法の中には、今吾々が領域と範疇との區別の點で研究せねばならぬ所の規法も亦含まれてゐる。

　吾々は形式的存在學（常に普遍學に迄十分擴張された純粹論理學として）から出發しよう。すると此の形式的存在學は、吾々の知る如く、對象一般に關する形相的學である。對象とは此の學の意味に於いてはあらゆるすべてのものを謂ふ。そして普遍學の多くの學科に分配される無限に多樣なる眞理は即ち斯くの如き對象に關して確立され得る。けれども之等の眞理は悉く、純粹論理學的諸學科に於いて『公理』の働きをなす少數の直接乃至『基礎』眞理に歸着する。そこで吾々はそれ等の公理に現はれる純粹論理的基礎概念を定義して論理的範疇乃至對象一般なる論理的領域の範疇とする。茲に所謂基礎概念とは即ち、對象一般の論理的本質が公理の全體系内に於いて由つて以て規定される概念の事である。換言すれば、或る對象そのもの即ち何か或るもの——それが一般に或るものであり得るといふ限りに於いて——の無制限に必然的且つ規整的なる諸規定を表はす概念の事である。吾々の絶對精密に限定された意味に於ける純粹論理的なるものは『綜合的なるもの』に對する『分析的なるもの』（一）といふ哲學的に唯一重要な（而して確かに基礎的に重要な）概念を規定するものであるから、吾々は右の範疇を實に分析的範疇とも呼ぶのである。

論理的範疇の例としてはそれ故、特性、相對的性質、事態、關係、同一性、相等性、集合（集積）、集合數、全體と部分、類と種、等々の如き諸概念がある。が又『意義範疇』、卽ち種々なる種類の命題、命題分節肢及び命題形式といふ命題の本質に屬する諸基礎概念も亦論理的範疇に屬する。かく言はれるのは、吾々の定義上、『對象一般』と『意義一般』とを互に結合し、而も純粹なる意義眞理が純粹なる對象眞理に飜へされる樣に結合する所の本質眞理を顧慮しての事である。恰かも此の故に『命題學的論理學』は、假令專ら意義に就いて供述してゐるにしても、猶ほ、十分に包括的なる意味に於ける形式的論理學に屬するのである。にも拘らず吾々は意義範疇を獨自の群としてそれだけ分離し、之に對し他の範疇を、深い意味に於ける形式的なる對象的範疇として、對立せしめなければならない。（二）

尙ほ補記すべき事は、吾々は範疇を一方に於いては意義といふ意味での概念と解し得るが、他方に於いては、而して更に適當には、その意義に於いて表出される形式的本質と解する事も出來る事である。例へば事態、多、等々の如き『範疇』は、後者の意味に於いて、事態一般、多一般等々の如き形式的形相を意味する。如上の曖昧が危險なのは唯、斯くの如き場合普く區別せねばならぬもの——卽ち『意義』と意義に依つて表出され得るもの、更に意義と意義せられたる對象性——を截然と區別する事を知らぬ限りに於いてだけである。術語としては吾々は、範疇的概念

（意義としての）と、範疇的本質とを明白に區別することが出來るのである。

（一）『論、研、』第二卷、第三研究、第一一—一二節參照。

（二）論理的範疇を分けて意義範疇と形式存在學的範疇とにする事に就いては『論、研、』第一卷、第六七節參照。特に全體と部分との二範疇に就いては第二卷の第三研究全體に於いて論じてある。——歷史的の理由で不都合な存在學（Ontologie）といふ言葉を私は『論、研、』當時は未だ採用する勇氣がなかつた。卽ち私はその種の研究を（第一版二二二頁）『對象そのものの先天的理論』（apriorische Theorie der Gegenstände als solcher）の一部と呼んでゐた。アレクシウス・フォン・マイノングは之を縮めて『對象論』（Gegenstandstheorie）なる言葉を作つたのである。この言葉に對して、今では私は時勢の變化に鑑み、存在學なる古い言葉を再び主張する方が却つて正しいと考へてゐる。

一一、文章法的對象性と究竟的基體、文章法的範疇

意義の形式論の內部に於いて『文章法的形式』と『文章法的基體』乃至『材料』との（『純粹文法學的』なる）區別に反映する所の、對象性一般の範圍に於ける重要なる區別を今度は必要とする。此の區別に依つて、形式存在學的範疇が文章法的範疇と基體範疇とに分れるといふ事がわかる。以下此の區分を更に詳しく討究しようと思ふ。

文章法的對象性なるものを吾々は、他の對象性から『文章法的形式』に依つて導來されたる對象性と解する。此の文章法的形式に對應する範疇を吾々は文章法的範疇と名づける。之に屬するものとしては例へば、事態、關係、性質、一、多、集合數、順序、序數等々の如き諸範疇がある。吾々は玆に現はれてゐる本質狀態を次の如く記述することが出來る。卽ち、如何なる對象と雖も、

それが表明され得、他の對象へ關係され得、約言すれば論理的に規定され得る限りは、種々なる文章法的形式を採る。又規定的思惟の雙關者としては、より高次の對象が規整される。即ち例へば、性質と性質的に規定されたる對象、何等か或る對象間の關係、一の多、順序の項、序數規定の保持者としての對象等々の如きが規整される。思惟が述定的思惟なる場合には、表出、及びそれに屬する文章法的意義成體——即ち文章法的對象性をそれの有つ肢體及び形式のすべてからみて、精確に對應的意義文脈の中に反映する所の、文章法的意義成體——が漸次に生ずる。すべて此の『範疇的對象性』(二)は、對象性一般と同じく、再び又範疇的成體の基體としての働きをなし、以下此の事を繰り返す。逆に斯くの如き成體は悉く明かに究竟的基體を、即ち最初層乃至最下層の對象を溯示する。隨つて、最早文章法的＝範疇的成體ならぬ對象——即ち思惟機能（賓辭づける事、否定的に賓辭づける事、關係づける事、結合する事、算へる事等々）の單なる雙關者なるかの存在學的形式をば最早毫も自身の裡に含まぬ所の對象——を溯示するのである。以上に依つて、對象性一般なる形式的領域は、分れて究竟的基體と文章法的對象性との二つとなる。後者を名づけて吾々は、對應的基體——此の基體にはまた、後直ちに吾々の知るであらう如く、すべての『個體』も屬する——からの文章法的被導出者と呼ぶ。吾々が個體的特性、個體的關係等々に就いて云云する場合に此の被導出對象が個體的と呼ばれるのは、勿論、それが導出せられて來た基體が個體的なるが故である。

尙ほ次の事を注意して置かう。文章法的形式なき究竟的基體へは、意義の形式論の側からも亦到達出來る。何故ならば、如何なる文章、如何なる可能なる文章の句もその文章法的形式の基體として所謂『名辭』を含んでゐるからである。此の名辭が名辭であり得るのは、單に相對的なる意味に於いてである。何となれば名辭は自身再び形式（例へば複數形式、添辭等々）を含み得るからである。併し孰れの場合にも吾々は、自身の裡に最早文章法的形式を毫も含まぬ所の究竟名辭、究竟基體に、而も必然的に、歸着するのである。（二）

（一）『論、研、』第二卷、第六研究、第二篇、特に第四六―四七節參照。

（二）意義の形式論――即ち『先天的文法學』の此の基礎的部分――にとつて甚だ重要なる（『文章法的形式』及び『文章法的材料』の）理論の詳述は、純粹論理學に關する私の多年に亙る講義を公刊する際に報告しよう。『純粹』文法學と意義の形式論の一般的課題とに就いては『論、研、』第二卷、第四研究參照。

二、類と種

扨今度は、本質の全領域に屬する新しい一群の範疇的區別を行ふ必要がある。本質は、實質的本質たると空虛なる（隨つて純粹論理的なる）本質たるとを問はず、悉く本質の段階的系列の中へ、即ち類性と種性との段階系列の中へ配列される。此の段階系列には必然的に、二つの決して一致しない限界が屬してゐる。下降すれば吾々は最低の種差――換言すれば形相的個別體に到達し、上昇すれば、種本質及び類本質を通つて最高類に到達する。形相的個別體とは、自身の上には自身の屬する類として『より普遍的』なる本質を必然的に有つてはゐるが、併し自身の下には最早、それに對しては自らが種（直上の種或は間接的なる、より高次の類）である如き特殊化を有たぬ所の本質である。同樣にして、自身の上に最早何等の類をも有たぬ類は最高類である。

此の意味に於いて意義の純粹論理的領域に於いては、『意義一般』が最高類であり、各々の一定の文章形式、各々の一定の文章肢形式は形相的個別體であり、文章一般は兩者を媒介する類である。それと丁度同樣に集合數一般は最高類である。二、三等々は集合數の最低差乃至形相的個別體である。實質的領域に於いては、例へば物一般、感性的性質、空間形態、體驗一般等の如きが最高類であり、一定の物、一定の感性的性質、空間形態、體驗そのもの等に屬する本質額は形相的にして、而も實質的なる個別體である。

類と種とを以て示される之等の本質關係（部類關係即ち集合關係にあらず）には、特殊的本質の中により普遍的なる本質が——形相的直覺に依つてその特質を把捉せらるべき或る一定の意味に於いて——『直接或は間接に含まれ』てゐる、といふ事が屬してゐる。此の故にこそ多くの學者は、形相的特殊體に對する形相的種、類、の關係を『全體』に對する『部分』の關係に算入してゐるのである。全體と部分とはその場合正に、形相的なる種關係がそれのひとつの特殊相である所の、『含むもの』と『含まれるもの』といふ最廣概念を、有つのである。それ故、形相的個別體は自身の上位に在る全普遍を內含し——此の全普遍の方も亦、より高次のものは常により低次のものの中に在るといふ風に、階段的に『互に他の中に存して』ゐる——のである。

一三、類化と形式化

類化と種化との關係は、實質的なるものの純粹論理的に形式的なるものへの普遍化と、逆に論理的に形式的なるものの實質化との、右とは本質的に別種なる關係から峻別せられねばならぬ。換言すれば、類化は、例へば數學上の解析に於いて甚だ重要な役目を演じてゐる如き形式化とは全然別ものであり、種化は、形式脫離、論理的＝數學的空虛形式乃至形式的眞理の『塡充』とは全然別ものである。

以上の故に、或る本質が純粹論理的本質の形式的普遍性の下に立つといふ事は、或る本質がそれの屬する一層高次の本質類の下に立つといふ事と混同されてはならない。で、例へば三角形なる本質は空間形態なる最高類に下屬し、赤なる本質は感性的性質なる最高類に下屬する。他方に於いて赤乃至三角形は（その他之等と同質の本質並びに異質の本質のすべても）『本質』なる範疇的名稱に下屬するのであるが、此の範疇的名稱は右本質のすべてに對して決して本質類なる性格を有つものでない、といふよりも寧ろ上の本質の何れに就いてもかかる性格を有つものでない。『本質』を實質的本質の類と見做す事は悖理であつて、それは恰も、對象一般（空虛なる或るもの）を各種の對象に對する類とし、そして次に、勿論無雑作に、唯一最高の類即ちすべての類の類とするの誤解と同様である。さうでなく吾々は、すべての形式存在學的範疇を呼んで、『形式存在學的範疇一般』なる本質を最高類とする形相的個別體なりとせねばならぬであらう。

同様にして、各々の一定推理、例へば物理學に於いて用ゐられる或る一定の推理は或る一定の純粹論理的なる推理形式の單獨化せるものであり、各々の一定の物理學上の命題は或る命題形式の單獨化せるものである、等々といふ事は明かである。けれども、純粹形式は實質的なる命題乃至推理の類であるのではなく、自身最低差にすぎない。卽ち他のすべての同様の類と等しく『意義一般』を以て自己の絶對最高類とする所の命題、推理等の純粹論理的なる類の最低差にすぎない。それ故論理的なる空虚形式――普遍學に於いては空虚形式の外には何ものもない――の塡充は、究竟的種差化に迄到る眞の種化に比しては全然異なる『操作』である。此の事はすべての場合に確言出來る。例へば空間から『ユークリッド複素體』へ移るといふ事は類化ではなくしてひとつの『形式的』普遍化である。

此の根本的なる區別を確證するには、すべての此の種の場合に於ける如く、本質直覺に迄立ち戻らねばならぬ。此の本質直覺が直ちに吾々に敎へる所に依れば、論理的なる形式本質（例へば範疇）は、普遍的赤が種々なる色調の赤の中に、或は『色』が赤乃至青の中に存してゐる如くに、實質的なる單獨體の中に『存してゐる』のではなく、又普通の狹い意味での部分關係と十分に共通點を有たせれば「含まれてゐる」といふ言葉を使つても差閊へない様な本來の意味に於いて、實質的なる單獨體の中に『其の中に』在るのでは決してないのである。

　個體的なるもの、一般には「此處に在る此のもの」の、本質の下への包攝――これは最低差に關するか或は類に關するかに從つて種々異なる性格を有つ――も亦、本質の、その一層高次の種乃至類の下への從屬と混同すべきでない事は、別に詳論を俟たずして指示出來る。

　同様に又、特に全稱判斷に於ける本質の機能に關する所の、種々意味の變る外延といふ言葉に就いて――この言葉は勿論上に論じた區別に伴つて分化せざるを得ない――單に指示してだけ置き度い。最低差ならぬ本質は悉く、形相的外延を、諸特殊體の外延を、而して最後には如何なる場合にも、形相的個別體の外延を有つてゐる。他方形式的本質は悉く、その形式的乃至『數學的』外延を有つてゐる。更に又一般に如何なる本質も個體的單獨體の外延を、卽ち形相的＝普遍的思惟に依つて關係し得る可能なる諸々の特殊體のイデー的なる總體を有つてゐる。經驗的外延といふ場合には意味が更に限定される。卽ち純粹普遍性を棄てる定在措定が織り込まれる爲め、定在の領界に制限されるのである。以上の事は勿論、すべて本質から移して、意義としての『概念』に就いても言はれる事である。

一四、基體範疇、基體本質とトデ　ティ

　吾々は更に進んで、一方に於いては『完充的』、『實質的』なる基體、及びそれに對應して『完

充的』、『實質的』なる文章法的對象性と、他方に於いては空虛基體、並びに又それらから形成されたる文章法的對象性、卽ち空虛なる或るものから轉化せるものとの、此の兩者の間の區別に注意しよう。後者の部分は決して自身空虛なる、或は貧しきものであるのではない。卽ちそれは、普遍學としての論理學の所有に屬する事態——この事態の築かれる基礎なる範疇的對象性のすべてを含めて——であると規定される。それ故、此の部類に屬するのは、何等かの三段論法の或は算術上の公理乃至定理が陳述する事態の各々、卽ち各々の推理形式、各々の算術數、各々の數成體、純粹解析の各函數、純粹解析に於いて十分に定義されたユークリッド複素體乃至非ユークリッド複素體の各々等である。

扨實質的なる種類の對象性を採るに、吾々はすべての文章法的形成の核としての究竟の實質的基體に到達する。此の核に屬するのは、『實質的なる究竟本質』と、『此處に在る此のもの！』乃至純粹にして文章法的形式なき個體的單獨體との、二つの選言的な主要名稱に配分される所の基體範疇がそれである。Individuum〔個體、不可分なるもの〕といふ言葉は先づ第一に思付く用語であるが、今の場合には不適當である。何故ならば、此の言葉が隨伴的に表出する所の、不可分性なるものこそ、それが如何に規定されるにしても、正に右の概念の中に取り入れてはならぬのであつて、Individuum といふ特別にして全く必要缺くべからざる概念の爲めに保留して置くべきものであるからである。それ故吾々は、斯くの如き意味を、尠くとも語義上件はぬ所のアリストテレスの所謂トデ・ティ〔此處に在る此のもの〕といふ語を踏襲しようと思ふ。

吾々は上來形式なき究竟的本質と「此處に在る此のもの」とを對立せしめた。が今度は吾々は、此の兩者の間に成立してゐる本質聯關を確證せねばならない。即ち如何なる「此處に在る此のもの」もそれの實質的性質——「今示した意味に於いて無形式なる基體本質」といふ性格を有する實質的本質性質——を、有つてゐるといふ點で兩者の間に成立してゐる所の本質聯關を確證せねばならない。

一五、獨立的對象と非獨立的對象、具體者と個體

吾々は尙ほひとつの更に進んだ基礎的區別を、即ち獨立的對象と非獨立的對象との間の區別を必要とする。例へば範疇的形式は、それが形式である基體を必然的に溯示する限り、非獨立的である。基體と形式とは互に他に賴つて居り、『相互なく』しては思惟され得ない本質である。それ故此の最も廣い意味に於いては、純粹論理的形式、例へばすべての對象質料に對しての對象なる範疇的形式、又はすべてこの一定本質に對しての本質なる範疇等々は非獨立的である。斯くの如き非獨立性は措いて、吾々は非獨立性乃至獨立性といふ意味深い概念を、本來『內容的』なる諸聯關に、更に一層本來的なる意味に於いて『含まれてゐる』、ひとつになつてゐる、又時には結びつけられてゐるといふ諸關係に、關係させて見ようと思ふ。

茲で吾々に特に興味のあるのは、究竟的基體に於ける、及び、更に狹く言へば、實質的基體本質に於ける事情である。此の實質的基體本質に對しては二つの場合が可能である。即ち、此の實質的基體本質は一つの本質といふ統一を或る他の本質と共同して基礎づけるか、或は然らざるか、の二つである。第一の場合には、時に一方的なる或は相互的なる非獨立性といふ更に詳しく記述すべき關係が起る。そして又、合一した本質の下に屬する形相的にして且つ個體的なる單獨體に就いて言へば、一方の本質に屬する單獨體は、他方の本質に對し尠くとも類的共通性だけは有つてゐる所の本質に依つて規定されなくては存在し得ないといふ、必證的に必然的なる歸結が生ずるのである。(一)例へば感性的性質は何等かの差ある擴がりを必然的に賴りとし、擴がりの方も亦必然的に、それと合一し且つそれを『蔽う』てゐる所の性質を有する擴がりである。例へば强度といふ範疇の『亢進』の契機は或る性質的內容に內在するものとしてのみ可能である。そして此の類の內容も亦何等かの亢進度なしには考へ得られない。或る一定類の體驗としての現出は、『現出するものそのもの』の現出としてでなければ不可能であり、その逆も亦不可能である。等々。

扨上述の事からして、個體、具體者及び抽象者等といふ形式的=範疇的概念の重要なる諸規定が生じて來る。非獨立的本質は抽象者と呼ばれ、絶對獨立的本質は具體者と呼ばれる。此處に在る此のもの——それの實質的本質は具體者である——は個體と呼ばれる。

類化の『操作』を、論理的『轉化』なる今や擴張されたる概念の下に入れて解するならば、吾吾は「個體は純粹論理的に要求せられたる原對象、卽ちすべての論理的轉化が溯示する所の論理的絕對者である」と言ふことが出來る。

種と類（之等兩語は普通最低差を含まない）とは原理的に非獨立的であるから、具體者は言ふ迄もなく形相的個體である。それ故形相的單獨體は分れて抽象的なるものと具體的なるものとになる。

同一類に屬する二つの形相的單獨體は一つの本質の統一中に結合されてゐる事は出來ない、或は又換言すれば、一つの類の諸最低差は相互に『相容れ得ない』、といふ形式存在學的法則があるが、此の法則を顧慮する事に依つて、一つの具體者の中に選言的に含まれてゐる形相的單獨體は必然的に『異質的』なのである。それ故具體者に屬する單獨體は、種差として見れば、悉く種及び類の別個體系へ到達する。隨つて又別個の最高類へ到達する。例へばひとつの現象的事物の統一に於いて、一定の形態は最高類たる空間形態一般へ到達し、一定の色は視覺的性質一般へ到達する。然るに又具體者に於ける最低差は、選言的でなく抱合的でもあり得る。例へば、物理學的特性は空間的諸規定を前提し且つ自らの裡に含んでゐる如きである。此の場合には最高類も亦選言的でない。

更に進んで類は、特質的にして且つ基礎的な仕方で分れて、具體者を下屬せしめてゐる類と、抽象者を下屬せしめてゐる類とになる。形容詞になる爲め曖昧であるにも拘らず、便宜上吾々は具體的類、抽象的類といふ名稱を使ふ。何故曖昧かと云ふと、具體的なる類そのものをもとの意味での具體者と解する等とは何人も思ひつき得ないのだらうからである。併し精確に言ふ必要がある場合には、具體者乃至抽象者の類といふ煩雜な言葉を使用せざるを得ない。具體的類の例は、實在的事物、視覺的現像（感性的に充實されて現出してゐる視覺的形態）、體驗等々である。それに反して空間形態、視覺的性質等々は抽象的類の例である。

（一）詳細なる分析は『論、研、』第二卷、第三研究、特に新版（一九一三年）の些か改訂を施した敍述、參照。

一六、實質的領界に於ける領域と範疇、先天綜合認識

個體及び具體者といふ概念に依つて、領域といふ知識學的基礎概念も亦嚴密に『分析的』に定義される。領域は具體者に屬する最高の類統一の總體に他ならない。隨つて領域は具體者内部に於ける最低差に屬する最高諸類の本質統一的結合に他ならない。領域の形相的外延は、右の類の種差を具體的に統一せる複合體のイデー的總體を包括し、〔領域の〕個體的外延は、斯くの如き具體的本質の可能的個體のイデー的總體を包括する。

領域的本質の各々は『綜合的』本質眞理を規定する。換言すれば、此の類本質としての領域的本質に基礎を置いてゐて形式存在學的眞理の單なる特殊化ではない所の本質眞理を規定するのである。領域の概念とその概念の領域的分種とは、それ故、上の如き綜合的眞理に於いて自由に變

異する事は出來ない。即ち、關係的なる規定名辭を無規定的なものを以て置き代へる事に依つて形式的論理學の法則が生ずるといふ事は、すべての『分析的』必然性にあつてはそれ特有の仕方で現はれるが、右の綜合的眞理に於いては不可能なのである。領域的本質に基礎を置く綜合的眞理の總體は領域的存在學の內容をなす。その綜合的眞理の中の基礎眞理即ち領域的公理の總體は、領域的範疇の總體を限界し——而して吾々に定義してくれる。之等の概念は概念一般の如く單に純粹論理的範疇の特殊化を表出するに過ぎぬのではなく、又次の如き特異性を有つてゐる。即ち、これ等の概念は、領域的本質に固有的に屬するものを領域的公理に依つて表出する、或は該領域の個體的對象に『先天的』且つ『綜合的』に歸屬すべきものを形相的普遍性に於いて表出するといふ事である。斯くの如き（純論理的ならぬ）諸概念を、與へられたる個體へ適用するといふ事は、必證的に又無制約的に必然的なる適用であり、尙ほその上に領域の（綜合的なる）諸公理に依つて規則づけられて居るのである。

それ故、若しカントの理性批判との類似を——根本見解上の著しい差異あるにも拘らず（但しその差異は內面的親近を許さぬものではない）——固持し度いと思ふならば、人は先天綜合認識を領域の公理といふ意味に解すべきであらう。さうすれば此の先天綜合認識の領域と同數の還元不可能なる部類があることになるであらう。『綜合的基礎概念』即ち範疇は領域の基礎概念（一定の領域及びそれの綜合的原則に本質的に關係せられたる）となるであらう。さうすれば、領域が區別されると同數の區別されたる範疇群がある事になるであらう。

此の場合形式的存在學は外見的には領域の（卽ち本來の『質料的』、『綜合的』なる）存在學と同列に入る。形式的存在學の領域概念なる『對象』は形式的なる公理體系を規定し、此の事に依つて形式的（『分析的』）なる範疇の總體を規定する（上述第一〇節參照）。既に强調せる本質的區別の存するにも拘らず兩種存在學を並行せしめる事の辯明は、實に此の點に在るのである。

一七、論理學的考察の結び

吾々の全考察は純粹論理學的考察であつた。卽ちそれは何等『質料的』なる領界に於いて行はれたものではなかつた。又は同じ事であるが、何等一定の領域に於いて行はれたものではなかつた。卽ちそれは諸領域及び諸範疇に就き普遍的に論じたのであつた。そして此の普遍性は、逐次築き重ねた諸定義の意味に隨つて、純粹論理學的普遍性であつたのである。吾々はひとつの圖式を、すべての可能的認識或は認識對象性に對する純粹論理學から發する基礎的規法の一部として描いたのであるが、それは正しく純粹論理學の地盤に於いてであつた。此の圖式に隨へば個體は『先天綜合原理』の下に概念及び法則に隨つて規定され得なければならない。或は此の圖式に隨へば又、すべての經驗科學はその學に必要な領域存在學を基礎としなければならぬのであつて、單にあらゆる學に共通なる純粹論理學を基礎とするに過ぎぬのではない。

同時に此の點からしてひとつの課題の觀念が發生する。卽ち吾々の所謂個體直觀の範圍內に於いて具體性を有てる最高類を規定し、斯くしてすべての直觀的なる個體的存在を存在領域に隨つて配分するといふ課題である。此の領域の各々は――最も根本的なる本質根據からなるが故に原理的に――區別されてゐる所の形相學（乃至學群）と經驗科學（乃至學群）とを示すものである。が又此の根本的區別は決して錯綜と部分的重疊とを許さぬものではない。それ故例へば『物質的事物』と『心』とは相異なる存在領域ではあるが、而も後者は前者に基づいて居り、此の點からして心の論が肉體論に基づくといふ事が生ずるのである。

學の根本的『分類』といふ問題は主として領域區分の問題である。而して此の區分の爲めには復豫め先づ、上述に於いて簡單に爲した如き種類の純粹論理學的諸研究を必要とする。他方に於いては又勿論現象學――斯學に就いては吾々は未だ何等知る所がない――をも必要とする。

第二章　自然主義的誤解

一八、批判的論議への導き

事實及び事實學に對立する本質及び本質學に關し吾々が先づ先頭に置いた一般論の取扱つたの

は、純粹現象學――斯學は緒論の所說に依れば無論ひとつの本質學となると言はれる――の考案の設立と、すべての經驗科學、隨つて又心理學、に對する現象學の位置の了解とに對しての、本質的基礎に就いてであつた。ところですべて原理的規定は――之は甚だ重要な事であるが――正しい意味に於いて理解されねばならぬ。之は嚴に强調し度い事であるが、吾々は上の原理的規定に於いて、ひとつの豫め與へられたる哲學的立場から論講したのではなく、即ち何等傳來の哲學說をも、假令一般に承認されてゐる哲學說と雖も、利用したのではなくして、吾々は二三の、嚴密な意味に於いて原理的なる指示をなしたのである。換言すれば吾々は、唯直觀に於いて吾々に直接に與へられた諸區別を忠實に表出したのみである。吾々はそれ等の區別を、何等の假說的乃至解釋的說明をも加へずに、又古今の傳承的理論が吾々に暗示してゐるであらう如きものを入れて解釋せずに、精確にそれ等區別が其處に與へられてゐるその儘に受取つたのである。斯くしてなされたる論定こそ眞の『始原』である。そしてこれが吾々の論定の如く包括的なる存在領域に關係されてゐる普遍性を有つものである場合には、それは慥かに哲學的の意味に於いて原理的論定であり、自身哲學に屬するものである。けれども此の哲學と雖も、吾々は前提する必要がない。卽ち吾々上來の考察は――以下の考察もすべて然らしめようと思ふのであるが――哲學の如く論難疑義ある『學』に對しては何等の依屬關係をも有つてゐないのである。吾々の基礎的論決に於いて吾々は何ものをも、哲學の概念と雖も、前提しなかつたのであり、今後も亦此の態度を保たうと思ふのである。吾々の企てる哲學的エポケー〔判斷中止〕は、之を明瞭に言ひ表はせば、次の點に歸すべきものである。卽ち前以て與へられてゐる全哲學の學說內容に關して全然判斷を中止し、すべて吾々の證示は此の判斷中止の埒內に於いて行ふ、といふ事である。他方吾々はそれかと云つて、一般に哲學に就いて語る事、歷史的事實としての哲學に就いて、卽ち善い意味に於いても甚だ屢々惡い意味に於いても人類全般の學的確信を規定した所の事實としての哲學的諸傾向に就いて語る事は、吾々は之を避ける必要がない（そして又之は決して避け得ない事である）。而も此の事はとりわけて上來論じた基礎的諸點に關してさうである。

正に此の點に於いて吾々は經驗主義との論爭に入らざるを得ない。卽ち、玆に取扱ふのは直接的論定に從ふ諸點である故、吾々の所謂エポケーの內部で十分決着を附け得る論爭である。苟も哲學が眞の意味に於ける『原理的』基礎の若干額を有つものであり、隨つて此の基礎はその本質上直接能與の直觀に依つてのみ基礎づけられ得るものであるとすれば、此の基礎に關する論爭の決定は、如何なる哲學的學からも——卽ちその學の觀念と、外見上基礎づけられてゐるかの如くに見えるに過ぎぬその學說內容との所有から——獨立なのである。經驗主義が『イデー』、『本質』、『本質認識』、等を否認するといふ事情こそ吾々をして論爭を避け得ざらしめるものである。自然科學は『數學的』自然科學としてその高き學的水準を形相的基柢づけに負ふこと甚大であり乍ら、而もこの自然科學の勝利的進出が正に、哲學上の經驗主義を促進して遂に支配的確信と迄——否經驗科學者の社會に於いては殆んど唯一支配的確信と迄――ならしめたのは何故であるか。今は此の事の歴史的根據を開陳すべき場所でない。が兎に角此の經驗科學者の社會では、隨つて又心理學者に於いては、イデーに對する敵意が存在してゐて、此の敵意は畢竟經驗科學自身の進歩を阻害せざるを得なくなる。といふのは、此の事に依つて、經驗科學に對する未完結なる形相的基柢づけが――卽ち經驗科學の進歩に缺くべからざる新しい諸本質學の、時に必須なる規整が――阻止されるといふ理由に因るのである。後に至つて明かになる如く、上述の事はとりもなほさず、心理學及び諸精神科學の本質的なる形相的基柢をなす現象學に關する事である。依つて、吾々の論定を辯護する爲め二三の詳論を必要とする。

一九、經驗と原的能與の作用とに對する經驗論的同一視

經驗論的自然主義は、吾々の認めざるを得ぬ如く、極めて尊敬すべき動機から發してゐる。此の主義は、あらゆる『偶像』に反抗し、傳統と迷信との力、粗笨なる及び洗煉されたる各種の先入見の力に反抗して、眞理問題に於ける唯一の權威として自律的理性の權利を主張しようとするひとつの認識運用上の徹底主義である。併し事象に關し理性的乃至學的に判斷すると云ふ事は、事象自體に從ふとの謂ひであり、或は說論意見を去つて事象自體へ立ち歸り、事象をその自體的所與性に於いて究め、事象に緣なき先入見は悉く之を取り除くとの謂ひである。經驗論者の言ふ

所に隨へば、「すべての學は經驗から出發しすべての學の間接的認識は直接的經驗に基づかねばならぬ」といふのは、とりも直さず右の事實を示す他のひとつの言ひ表はし方に過ぎない。それ故眞の學と經驗科學とは、經驗論者からみれば一つである。經驗論者の言ふ所は以下の如くである。事實に對立する『イデー』、『本質』――斯くの如きものはスコラ的存在、形而上學的幽靈以外の何ものであらう。斯くの如き哲學的妖怪から人類を解放した事こそまさしく近代自然科學の主要功績である。すべての學の取扱ふべきは唯經驗可能なる、又實在的なる現實だけである。現實でないものは想像であり、想像から成る學はとりもなほさず想像された學である。心的事實としての想像は勿論許されるであらう。卽ちそれは心理學に屬する。けれども、――前章に於いて述べようと試みられた如くに――想像からして、此の想像に基づく所謂本質諦視に依つて、新しき所與卽ち『形相的』所與が發出し、之が卽ち非實在的なる對象であるといふ私の主張は、とりもなほさず『觀念學的誇大』、『スコラ學への逆轉』、乃至は自然科學を識らぬ觀念論が十九世紀前半に於いて眞の科學を甚しく阻止した場合の因をなしたあの種の『先天思辨的構成』への逆轉である――と斯く經驗論者は結論するであらう。

併し乍ら上述の如き經驗論者の所論はすべて――元來彼を指導する動機は如何に善意ある良きものであるとは言へ――誤解と先入見との上に立つてゐるのである。經驗論者の議論の原理的誤謬は、『事象自體』への還歸といふ基礎的要求を、經驗に依つてすべての認識を基礎づけようといふ要求と同一視し或は混同するといふ點に存する。認識可能なる『事象』の範圍を明かに自然主義的に制限するが爲めに、經驗を以て事象自體を示す唯一の作用なりとする事が經驗論者に於いては一議に及ばず正當とされる。併しながら事象は卽ち自然事象であるのではない。普通の意味に於ける現實は卽ち現實一般であるのではない。而して吾々が經驗と呼ぶ所の原的能與の作用は、唯單に自然現實に關係するに過ぎない。此の場合に兩者を同一視し、自明の理と誤解して取扱ふのは、極めて明晰なる洞見に於いて與へられる區別を看過等閑視することに外ならない。そこで、先入見は彼我孰れの側に在るかといふ事が問題となる。眞に先入見を有たぬといふ事は、『經驗を離れたる判斷』の除去を只管に要求するものではなく、判斷の固有の意味が經驗に依る基礎づけを要求する場合にのみ要求するものである。すべての判斷は經驗に依る基礎づけを許す、否實に要求しさへするとのみ無頓着に主張して、それ等判斷の本質をその判斷の根本的に相異なる性質上豫め研究することをせずに、又同時にその主張が結局悖理なる主張でないかどうかを思量せずにおく事——此の事はひとつの『先天思辨的構成』であつて、此の構成は此の場合には經驗論的方面から出發してゐるからと言つてそれ故により良くなるわけではない。眞の學及びそれに固有なる無先入見性はあらゆる證明の根柢として、自身の妥當を直接に原的能與の直觀から引き出す所の直接妥當的なる判斷そのものを要求する。而して此の原的能與の直觀は、右の判斷の意味——乃至對象及び判斷態の固有本質——が規定する通りの性質を有つてゐる。對象の基柢的領域、並びにそれに雙關して、能與的直觀の領域型、それに屬する判斷型、及び最後に斯くの如き判斷を基礎づける爲め其の都度他の種の直觀でなく正に此の種の直觀を要求する所のノエシス的規範――之等のものをすべて人は頭から要請し或は決定する事は出來ない。人はそれを唯洞觀的にのみ確定し得る。換言すれば卽ち、原的能與の直觀に依つて擧示しそれをその直觀に於いて與へられたものに忠實に適應する判斷に依つて確定し得るのである。眞に先入見を脫せる、卽ち純粹に事象的なる態度は、右の如きものに外ならぬであらうと、吾々にはどうしても思はれるのである。

直接に『視る』といふ事、單に感性的な、經驗的な視るといふ事に限らず、如何なる種類たるを問はず原的能與の意識としての視る事一般は、あらゆる理性的主張の究極の權利源泉である。此の源泉が權利付與の機能を有つといふのは唯、それが原的能與の源泉であるからのみであり又その限りに於いてのみである。吾々が或る對象を十分なる明晰さに於いて視る場合には、卽ち吾吾が視るといふ事を純粹に基礎とし、且つ又現に視られつつ把捉されてゐるものの埒內に於いて表明及び概念的把捉をなして、その上で吾々がその對象は如何なる性質を有つてゐるかをひとつの新しい『視』方として視る場合には、――その場合には忠實なる表出的供述がその權利を有つのである。その供述のなされるのは何故かといふ問ひを出した場合に、若し『私がそれを視てゐる』からといふ答へに何等の價値をも與へないとすればそれは悖理であらう――此の事を又吾々は洞見するのである。或は起るかも知れぬ誤解を豫め避ける爲め玆に附け加へて置き度い事であるが、今述べた事は併し、或る事情の下に於いてはひとつの視るといふ事が他のひとつの視るといふ事と相反する事もあり、同様に又ひとつの權利ある主張が他のひとつの權利ある主張と相反する事もあり得る、といふ事實を許さぬものではないのである。何故ならば、右の如くに言つてもそれは――ひとつの力が他のひとつの力に依つて打勝たれても、その力が最早力ではないといふ事を意味しないと同様に――視るといふ事は何等の權利根據でもないといふ樣な意味は含んでゐないからである。それで上述の事は無論次の如き意味なのである。卽ち、或る範疇に屬する直觀――而してこれは正に感性的經驗の直觀を指す――に於いては惧らく、視るといふ事はその本質上『不完全』である、卽ち視るといふ事の力は原理的に增減可能である、それ故に、直接の、隨つて又眞の權利根據を經驗の裡に有つ主張はどうしても經驗の進行につれて、經驗の優勢にして壓倒的なる反對權利の爲めに廢棄されざるを得なくなる、といふ意味なのである。

二〇、懷疑論としての經驗論

上述の故に吾々は經驗の代りに一層普遍的な『直觀』なるものを置き代へ、それに依つて學一般と經驗科學との同一視を卻けようと思ふ。尙ほ又人の容易に認める通り、若し此の兩者の同一視を支持して純粹に形相的なる思惟の妥當に抗論するならば、ひとつの懷疑論――眞の懷疑論としてならばそれは悖理に依つて自滅する(一)――に陷るに至る。經驗論者に向つては、彼の全稱的提題（例へば『すべての妥當なる思惟は唯一能與の直觀としての經驗に基づく』といふ如き）の妥當の淵源を問ひさへすれば良い。さうすれば經驗論者は明白なる悖理に陷るのである。直接的經驗の與へるのはどうしても唯個別的單獨性だけであつて、何等の普遍性をも與へない。隨つて直接經驗では不滿足である。經驗論者は本質洞觀を否定する故、彼はそれに頼るを得ない。そこで彼の頼り得るのは勿論歸納なのであつて、隨つて又一般に、經驗科學が由つて以てその全稱的命題を獲得する所の間接的推理法の全部なのである。吾々は問ふ、然らば演繹的推理にせよ歸納的推理にせよ、間接的推理なるものの眞理とは如何なるものであるか。その眞理なるものは――加之吾々は「單稱的判斷の眞理は？」とさへ問ふことが出來るであらう――自身或る經驗可能なるものであり、それ故に結局知覺可能なるものなのであるか。而して又、人々が議論乃至懷疑の場合に頼る所の推理法の原理、例へば三段論法の原理、卽ち『第三概念一致』の原理その他、の如きは間接推理の場合に於いて究竟的源泉としてあらゆる推理法の立證がどうしてもそれへ遡源せしめられるのであるが、その推理法の原理なるものは如何なるものなのであるか、以上のものは自身復經驗的なる一般化なのであるか、或は斯くの如き考へは自身の裡に極めて根本的なる悖理を藏してゐないであらうか。

今茲にこれ以上絮說しなくとも――絮說するとしてもそれは他の場所に（二）於いて既に述べた事を繰り返すに過ぎないであらうが――尠くとも次の事は明かになつたと言つてよいであらう。卽ち經驗論の基礎提題は何よりも先づより正確なる分解、解明、基礎づけを必要とするといふ事、及び此の基礎づけ自身がその提題の陳述する規範に隨つてゐなければならぬといふ事である。同時に又明かな事であるが、玆には尠くとも、此の循環關係の裡には悖理が埋藏されてはゐなからうかといふ重要な疑念が存してゐる、——然るに此の關係に關し眞の明晰さと學的基礎づけとを得ようとする試みが眞面目に行はれたといふ事は、經驗論の文獻に於いては實際殆んどその萌芽も見出し得ないのである。學的なる經驗的基礎づけは、玆に於いても亦他の場所に於ける如く、次の事を要求するであらう。卽ち、理論的に嚴密に確定された個々の場合から出發して、原理的洞觀に依つて隈なく照し出されてゐる嚴密なる方法に隨つて全稱的提題へと進んで行くといふ事である。經驗論者達が彼等の諸提題に於いて全認識に提出してゐる所の學的諸要求は同時に彼等の提題そのものに向けられてゐるといふ事を、彼等は看過して來たものの如くである。

　彼等經驗論者達は眞の立場哲學者として、隨つて先入見から自由であるといふ彼等の原理と明かに矛盾して、解明せられず基礎づけられざる偏見から出發してゐる。然るに之に反して吾々はあらゆる立場の以前に在るものから出發する。卽ち吾々は、直觀的に、且つ又あらゆる理論化的思惟そのもの以前に與へられてゐるものの全範圍から、卽ち、——吾々が格別先入見に依つて眩惑されず、眞なる所與を觀察することを妨げられない場合には——吾々が直接に視て把捉し得るもののすべてから、出發する。若し『實證論』とはすべての學を、『實證的なるもの』卽ち原的に把捉せらるべきものの上に、絶對的に先入見を離れて基礎づけようとするものにほかならぬとするならば、吾々こそは眞の實證論者なのである。實に吾々は如何なる權威にも――『近代自然科學』の權威にさへも――、すべての種類の直觀を認識の等値的權利源泉なりと認める權利を、侵さしめないのである。眞に自然科學が語る場合には、吾々は悅んでその弟子として傾聽しよう。けれども自然科學者が語る場合必ずしも自然科學が語つてゐるのではない。而して自然科學者が『自然哲學』や『自然科學的認識論』に就いて語る場合には自然科學が語つてゐるのでない事は確かである。とりわけ、自然科學者が、一般的なる自明の理、例へばすべての公理の表出する如き自明の理（例へば、a＋1＝1＋a、判斷には色はあり得ない、性質上相異なる二つの音は何れもその一方は低く他方は高い音である、知覺はそれ自身に於いて或るものに就いての知覺である、等等といふ如き諸命題）は經驗事實に就いての表出であるといふ事を吾々に信ぜしめようと欲する（吾々は、斯くの如き諸命題は形相的直覺の所與を表明表現するものなる事を十分なる洞觀に依つて認めるのに）――といふ如き場合は特にさうである。ところで、正に以上の事に依つて吾々の明かにした事實は、『實證論者』達は時には直觀種類の基本的區別を混淆したり、また時には成程それ等直觀種類を相反するものとしては見るが併し已れの先入見に囚はれてそれ等の中の唯一つだけを妥當なりと――或は存在するのはそれのみなりとさへ――認めようと欲するといふ事である。

（一）懷疑論といふ特質的概念に關しては『論、研、』第一卷（『純粹論理學序說』）第三二節參照。
（二）『論、研、』第一卷、特に第四章及び第五章參照。

二一、觀念論の側に於ける不明晰なる諸點

此の場合反對側に於いても亦勿論不明晰な點が行はれてゐる。成程彼等は純粹思惟、『先天的』思惟を認め、隨つて經驗論の提題を卻けはする。けれども彼等は、經驗的直觀に於いて個體的實在が與へられると全く同樣に本質が對象として原的に與へられる所の一種の與へられ方として、純粹直觀といふ如きものの在る事を反省的に明晰に意識する事をしない。換言すれば彼等は、如何なる判斷的洞見と雖も——無制約的に普遍的なる眞理に對する洞見は特に——正に多樣の分化、就中論理的範疇と並行する分化を有する所の能與的直覺なる概念の下に屬する、(一)といふ事を認知しないのである。成程彼等は明證に就いて云々しはする。けれども此の明證を洞見として、普通の「視る事」と本質關係に立たしめることをせずに、神祕的なる眞理指標として判斷に對し感情の着色を與へる所の『明證感情』の事を云つてゐるのである。斯くの如き見解は、意識種類に就いて上の方から理論を作らずして、意識種類を純粹諦視的に又本質に從つて分析するといふ事を習得しない間だけ可能なるに過ぎない。此の有名無實なる明證の感情、思惟必然の感情は——その他如何なる名稱を以て呼ばれようとも——理論的に捏造された感情以上の何ものでもない。(二)此

の事は、苟くも明證の何等か或る場合を眞に諦視的なる所與に迄齎らしてそれを同一判斷内容の非明證の場合と比較した者ならば、誰しも承認する所であらう。此の事を承認する場合には其人は直ちに次の事に氣付くのである。卽ち、多量に感情を含む此の明證論の有つ暗默裡の前提——卽ち「他の心理學的本質からみては同樣なる一判斷作用も、或る場合には感情的に着色されて居り他の場合には着色されて居らぬ」といふ前提——は根本的に誤まつてゐるのであつて、寧ろ、同樣なる上層卽ち單なる意義的表出として同樣なる供述といふ上層が、或る場合には『明晰に洞見する』所の事態直覺に漸を追つて適合し、他の場合には反之全然別の現象が——卽ち直覺的ならぬ、時には全く混亂不明瞭なる事態意識が——下層として働いてゐるのである。斯樣にして又、經驗の領界内に於いて、同じ事態に關する明晰忠實なる知覺判斷と任意の曖昧なる判斷との區別を、單に前者は『明晰感情』を具有するもの後者は然らざるものといふ點に存するに過ぎぬと解すならば、それはやはり上述と等しく權利なき主張である。

(一) 『論、研、』第二卷、第六研究、第四五節以下參照。本書第三節も同樣の論旨。
(二) 例へばエルゼンハンスがその新著 Lehrbuch der Psychologie, Tübingen 1912, S. 289 ff. に於いてなしてゐる論述の如きは、私の觀る處では毫も現象の裡に基柢を有たぬ心理學的假構である。

二二、プラトン的實念論なりとの非難、本質と概念

吾々が『プラトン說を奉ずる實念論者』としてイデー乃至本質を對象なりと主張し、且つそれ

等に對し、他の對象に對する如くに現實の（眞の）存在を歸し、同樣に又、右と雙關的に、直覺に依る被把捉可能性を歸する――以上實在の場合に於けると異なる事なし――といふ事は、幾度も非常な反對を招いたのであつた。著者に對し著者の全然關知せざる讀者自身の諸概念を押しつけて、然る上で易々として著者の論述から不條理を拾ひ出す所の輕率なる讀者のあの遺憾乍ら夥しく多數の種類の人々に就いては、玆には言及しない事にしよう。(二)對象と實在的なるものと、現實と實在的現實とが若し同一のものを意味するとするならば、イデーを對象や現實と見る事は慥かに背理なる『プラトン的實體化』である。けれども『論理學的諸研究』に於いて爲された如く、兩者が嚴密に區分される場合、卽ち對象とは何か或るもの――それ故例へば眞なる（定言的、肯定的なる）供述の主辭――であると定義される場合には、曖昧なる先入見から來る反對以外如何なる反對が殘存し得るであらうか。廣き對象概念なるものは私の創案に係るものでは勿論ないのであつて、私は單に純粹に論理的なる命題のすべてが要求する所の廣き對象概念を恢復し、それと同時に廣き對象概念は原理的に必要不可缺なる、隨つて又一般學術用語を規定する概念たる事を指示したに過ぎぬのである。卽ち此の意味に於いて、音階に於いて番號上唯一の項なる音性質c、或は又集合數系列に於ける數2、幾何學的形象のイデー界に於ける圖形圓、命題の『世界』に於ける任意の命題――約言すれば多種のイデー的なるもの――は『對象』である。イデーに對する盲目は一種の心盲である。卽ち彼は先入見の爲めに、彼がその直觀の分野に於いて有つてゐるものを判斷の分野に持ち來たす事が出來ぬ様になつてしまつたのである。實は何人も、而も言はば絶えず、『イデー』乃至『本質』を視てゐるのである。卽ち思惟に於いてイデー乃至本質を取扱つて居り、本質判斷をも亦なしてゐるのである——唯彼等はこれ等を彼等の認識論上の『立場』からして解釋上放棄してゐるだけなのである。明證的所與は忍耐强い。卽ちそれは理論が所與自身に就き放談することを許す、が而も依然としてその本領を失はぬのである。所與に從ふといふ事が理論のなすべき事である。そしてその所與の基礎的種類を區別し且つそれをその固有本質に從つて記述するといふ事が認識論のなすべき事である。

理論的に見て先入見は著しく寡慾なものである。〔先入見に依れば〕本質、隨つて又本質直觀（イデー化）なるものは在り得ない。それ故本質なる言葉が一般用語法に悖る限り、それは『文法的實體化』——之に依つて勿論人は『形而上學的』實體化へ驅り立てられてはならぬ——の事でなければならぬ。事實として眼前に在るものたり得るのは、實在的なる經驗乃至表象に結びつく所の、『抽象』といふ實在的なる心的出來事だけである。〔と先入見は稱する。〕此の故に『抽象の理論』は熱心に構成され、經驗を誇りとする心理學は此處に於いても、又あらゆる指向的領界——これは實に心理學の主要主題をなしてゐる——に於いても捏造せられた現象、實は分析ならぬ心理學的分析に富む様になるのである。卽ち謂ふ、イデー乃至本質はそれ故『概念』であり、概念は『心的成體』卽ち『抽象の所產』である、そしてこの概念は斯かるものとして無論吾々の思惟に於いて重大な役目を演じてゐる、と。『本質』、『イデー』乃至『形相』、之等は『飾氣なき心理學的事實』に對する御上品な『哲學的』名稱に過ぎぬ、それは又形而上學的暗示を含むが故に危險なる名稱である、と稱するのである。

右に對し吾々は答へて言ふ。慥かに本質は『概念』である――但し、人が概念を卽ち本質の意味と解する（斯くする事は此の多義的な言葉に於いては可能である）場合には――と。唯此の事は明かにしておかねばならぬのであるが、此の場合に心的所産といふ事を言ふのはノンセンスなのであり、又概念構成といふ事を言ふのも、此の語が嚴密且つ本來的なるそれと解されてゐるべきである限り、同樣にノンセンスなのである。吾々は時折或る論文に於いて「集合數の系列は概念の系列である」とあり、更に進んで「概念は思惟の成體である」とあるのを讀む事がある。斯くて先づ第一に集合數そのもの、卽ち本質が概念と呼ばれたのである。吾々は問ふ、けれども集合數なるものは吾々がそれを『構成』すると否とに拘らずその然かある所のものであるのではないか、と。勿論私の算へ作用は私の爲す所であり、私は私の數表象を『一つ又一つ』といふ風にして構成するといふ事は確かである。此の數表象は今は此の數表象である、けれども他の場合に假令私がそれを同樣のものとして構成するとしても、それは今とは別の數表象である。此の意味に於いて一にして同じき數に關し、時には何等の數表象もない事があり、時には多くの、任意に多くの數表象がある事もあるのである。**ところで**斯く言ふ正にその事に依つて吾々は既に明かにひとつの區別をなした——而も吾々は必然的に然かせざるを得ぬ——のである。即ち數表象は數そのものではない、換言すればそれは、數系列の此の唯一の項——これは此の種の唯一獨自なるすべての項の如くひとつの非時間的存在である——たる「二」ではないのである。數そのものを心的成體と呼ぶのは、それ故、悖理である。卽ち算術的言說の全く明瞭なる、妥當なりとして常に洞觀し得る、隨つてあらゆる理論の以前に存してゐる所の意味に對する撞着である。若し概念が心的成體であるとすれば、純粹なる數といふ如きものは概念でない。又純粹なる數が概念であるとすれば、概念は心的成體でない。それ故吾々は、上の如き危險を有つ曖昧を脫する正にその爲めに、新しい術語を必要とするのである。

（一）『論理學的諸研究』及び私のロゴス誌の論文に對する駁論は、好意ある駁論と雖も大多數は遺憾乍ら此の水準に於いて行はれてゐる。

二三、イデー化の自發性、本質と假構

「けれども赤、家等々の如き概念、或は本質（と言つてもよい）は個體直觀から抽象に依つて生ずるものであるといふ事は眞にして且つ明證的なのではないのか」と彼等は抗論するであらう。「而して君等は既に形成せられてゐる概念から恣意的に概念を構成するのではないか。さうすれば其處にあるのは確かに心理學的所產なのである。」恐らく彼等は更に附け加へて言ふであらう、

「右の事は恣意的假構の場合に於けると似てゐる、即ち吾々が自由に想像する「笛を吹くケンタウル」はとりも直さず吾々の表象成體である」と。――吾々は下の如く答へる。『概念構成』並びに又自由假構は確かに自發的に行はれる。そして自發的に產出されたものは精神の所產である事は自明である。けれども、「笛を吹くケンタウル」に就いて言へば、それは表象されたものが表象と名づけられるといふ意味に於いては表象であるが、併し表象とは心的體驗の名稱であるといふ意味に於いては表象でない。ケンタウル自身は勿論何等心的なものではない。それは心の中にも、意識の中にも、又その他の何處にも現存しない。それは言ふ迄もなく『無』である。それは徹頭徹尾『想像』である。更に精確に言へば、ケンタウルに就いて想像する事は想像體驗なのである。然る限り體驗そのものに勿論『思念されたるものケンタウル』、想像されたるものケンタウルは屬する。けれども斯く言へばとて今度は又人は、正に此の想像體驗を此の體驗に於いて想像されたそのものと混同してはならぬのである。（二）同様に自發的抽象作用に於いても亦、產出せられたものは本質ではなくして、本質に就いての意識なのである。そして此の場合事情は次の如くである。即ち本質に就いての原的能與の意識（イデー化）はそれ自身に於いて且つ必然的に自發的意識である、然るに感性的能與的意識、即ち經驗的意識には自發性は本質上屬してゐない、而も明かに本質上左樣であるといふ事情である。換言すれば、個體的對象は『現出し』得、把捉的に意識されて居り得る。けれども個體的對象に『對して』の自發的『活動』なしにであるといふのである。

それ故、右の混同を來たす動機以外には、本質意識と本質そのものとの同一視、隨つて又本質そのものの心理學化を來たす虞れある如き動機は見出し得ないのである。

併し猶ほ、假構する意識の並置が問題となるかも知れない。卽ち本質の『現存』といふ點に就いてである。本質を假構であると考へるのは勿論懷疑論者の欲する所であるが、事實左樣ではなからうか。併し乍ら、假構と知覺とを『直觀的意識』なる上位概念の下に並置する事は知覺に於いて與へられたる對象の現存を害するものである如く、右の本質と假構との並置は本質の『現存』を害するものである。物は知覺され、囘想され、斯くて又『現實的』なりと意識されて居り得る。乃至は又變樣されたる作用に於いて疑はしい、無である（錯覺である）と意識されてゐる事もあり得る。最後に又全然別の變樣に於いて、『單に眼前に髣髴』して居り、又宛かも現實なるが如く、無なるが如く（等々と）髣髴してゐると意識されてゐる事もあり得る。本質に於いても事情は之と全く同樣である。そして此の事と聯關して、本質も亦他の對象の如く、時には正しく時には誤まつて（例へば誤まれる幾何學的思惟に於ける如く）思念されてゐる事もあり得る。本質把捉や本質直觀は併し、多樣の形態を有つ作用である。特に本質諦視はひとつの原的能與の作用であり、且つかかるものとして想像に對してではなく感性的知覺に對して類比をなすものである。

（一）此の點に就いては本書諸後篇の現象學的諸分析を參照。

二四、あらゆる原理の原理

兎に角背理なる諸理論に就いては上述で十分であると思ふ。「各々の原的能與の直觀は認識の權利源泉である、即ち吾々に『直覺』に於いて原的に（言はば有體的現實性に於いて）顯現するものはすべて現はれてゐる通りに素直に受け取らるべきである、そして又それが其處に現はれてゐる所のその限界内を出でてはならぬ」、此のあらゆる原理の原理に就いては考へ得べき如何なる理論も吾々を惑はせる事は出來ない。如何なる理論と雖もその眞理そのものは又原的所與から汲み取るより他仕方ないであらうといふ事は實に吾々の洞見する所なのである。それ故此の原的所與を單なる表明や精確に適合する意義やに依つて表出するに止まる所の供述は悉く實際、吾々が本章の緒論〔第一八節〕に於いて述べた如く、眞の意味に於ける置礎に適する絕對的始原即ちprincipium〔始原、根源、原理〕である。そして此の事は原理（Prinzip）といふ言葉が普通それに專用される所のその種類の普遍的本質認識に就いては殊に當嵌まる事である。

此の意味に於いて自然科學者が「自然の事實に關するすべての主張に就いては、該主張を基礎づける經驗に徵すべきである」との『原理』に從ふのは全く正當である。何故ならば、それはひとつの原理であるからである。換言すればそれは——吾々が右原理に用ひられてゐる諸用語の意味を十分明晰にし且つそれ等用語に屬する本質を純粹所與に迄齎らすならばそれに依つて何時でも確信し得る如く――普遍的洞觀から直接に汲み取られた主張であるからである。而して同樣の意味に於いて本質研究者は、又全稱的命題を用ひて陳述する者は何人と雖も、右原理と並行なる原理に從はねばならない。そして斯くの如き原理は存在するに違ひない。何故ならば、經驗に依つてすべての事實認識を基礎づけるといふ今承認された原理にしてからが既に――各々の原理及び各々の本質認識一般と丁度同樣に――自身經驗に依つては無論洞觀し得ぬものだからである。

二五、自然科學者として實踐してゐる場合の實證論者、實證論者として反省してゐる場合の自然科學者

事實上實證論者が本質認識を否認するのは唯、彼が『哲學的』に反省して經驗論哲學者の詭辯に依つて欺かれてゐる場合に限るのであつて、彼が自然科學者として常規の自然科學的觀方に於いて思惟し論證してゐる場合に否認しはしないのである。といふのは後者の場合には彼は、本質洞觀に依つて指導される事が明かに甚だ大であるからである。周知の如く純粹數學の全學科、即ち幾何學乃至運動學の如き質料的學科、算術、解析等々の如き形式的（純粹に論理的）學科は、確かに自然科學上の理論構成の基礎手段なのである。之等の諸學科の態度は經驗的でなく、經驗された圖形、運動等々に對する觀察及び實驗に依つて基礎づけられるものでないといふ事は明かである。

經驗論は勿論上述の事を認めようとしない。けれども、「上述諸學科を基礎づける如き經驗は無いのではない、否寧ろ無限の經驗が意の儘に基礎づけの用をなすのである」といふ經驗論を人は眞面目に受取るべきであらうか。すべての人類の、否先行獸類さへの全經驗に依つて、幾何學的及び算術的印象の巨額の財寶が集積され理解の習慣性といふ形式で集成されたのであつて、今吾吾の幾何學的洞觀は此の蓄積から汲取つてゐるのである、と經驗論者は言ふ。――併し乍ら此の集積されたと稱せられる財寶も、若し何人もそれを學的に觀察し忠實に證示した事がなかつたならば、抑も人は何に依つてそれに就いて知るのであらうか。永く忘れられて居り且つ全然假說的な經驗が、自己の本來經驗的なる機能及び經驗範圍に就いて細心に吟味せられたる現實的經驗に代つて、ひとつの學の――加之最も精密なる學の――基礎となつたといふのは何時からなのであるか。物理學者は觀察し實驗する。それ故、繼承されて來たと稱せられる經驗に關する本能的なる理解や假說は勿論のこと、先科學的經驗にも滿足しないのは尤もである。

或は又人は「吾々は幾何學的洞觀を『想像經驗』に負うてゐる、卽ち吾々は幾何學的洞觀を想像實驗からの歸納としてなすのである」と――事實他の方面から言はれた事のある如く――言はうとする積りであるか。吾々は之に反問して言ふ、「然らば一體物理學者は何故に左樣な驚くべき想像經驗なるものを使用せぬのであるか」と。彼等は答へる、「勿論それは、想像上の圖形、運動、集合が決して現實のそれではなくして想像せられたるそれである、と正に同樣に想像上の實驗は想像せられたる實驗であるからなのである」と。

併し吾々はすべて此の種の解釋に對して、議論を上下してその解釋と同一の地盤の上に立つ事をせずに、數學のなす主張の固有の意味を指摘するといふ最適の方法を採らうと思ふ。數學上の公理の供述する所を知り、而も疑ひなく知る爲めには、吾々は經驗論哲學者に頼るべきではなく、吾々が數學研究に於いて公理的事態を十分なる洞觀に依つて把捉する所のその意識に頼るべきである。若し吾々が純粹に此の直覺に留まるならば、公理の裡に於いて純粹なる本質聯關が經驗事實の措定を毫も伴はずに現はれるといふ事には何等の疑ひも容れない。人は幾何學的なる思惟や直觀を生き生きと行ひ且つ直接的分析を基礎としてそれに內在する意味を規定する事をせずして、それに對して外部から哲學的思索や心理學的思索を施してはならない。吾々は過去の時代の認識から認識性向を繼承してゐるでもあらう。併し吾々の認識の意味と價値とに就いての問題にとつては認識繼承の歷史は、恰も吾々の金の價値內實にとつてその繼承の歷史が然る通り、無關係なのである。

二六、　獨斷的觀方に立つ諸學と哲學的觀方に立つ諸學

上述の如くにして自然科學者は數學及びすべての形相的なるものに就いては懷疑的に語る、然るに彼の形相的方法の點では獨斷的態度をとる。寔に好都合な事ではある。自然科學が今日の大

を致したのは、殷盛を極めた古代懷疑論を無造作に無視し且つそれの克服を斷念したといふ事に由るのである。「外界」自然一般の認識は如何にして可能であるか、古人が既に此の可能性の裡に見出した所の難點はすべて如何に解決すべきであるか——此の稀有の難問に心を惱まさずして、自然科學は寧ろ好んで、實際達成され且つ出來る限り完全なるべき自然認識即ち精密自然科學といふ形に於ける認識の適當なる方法の問題に努力したのであつた。自然科學は此の轉回を行つて、それに依つて又その事實上の研究に對し自由なる軌道を獲得したのであるが、併し又自然科學は新たに懷疑的反省の餘地を許し且つ又懷疑的傾向の爲めに自身の可能なるべき研究範圍を制限されるといふ事に依つて半分退歩したのである。經驗論的先入見に陷つた結果として、懷疑論は今や經驗の領界に就いてだけは無力にされてゐても本質の領界になるともうさうでないのである。何故ならば、經驗論の僞旗を揚げるだけで形相的なるものを已れの研究圏内へ引き入れる事は、自然科學には力が及ばぬからである。かかる價値顚倒に平然堪へ得るのは唯古來既に基礎づけられて居り且つ又習慣法に依つて論爭の餘地なしとされてゐる所の形相的諸學科だけである。即ち數學の諸學科の如き之である。併しそれに反し（既に指示して置いた如く）新しき形相的諸學科を基礎づけるに就いては經驗論的先入見は重大なる障礙とならざるを得ない。良き意味に於いて獨斷的なる即ち先哲學的なる研究領界——即ちすべての經驗科學（のみに限らず）が屬する所の研究領界——に於ける正當な態度といふのは、あらゆる『自然哲學』及び『認識論』と共にあらゆる懷疑論を十分に意識して除去し、そして認識對象性を現に見出す場合には——その認識對象性の可能性に對する認識論的反省が後になつて如何なる難點を示すとしてもそれは問はず——その對象性を受け取るといふ態度である。

學的研究の領内に於いて恰もひとつの避け難く且つ重要なる區分をなさねばならない。一方には、如何なる認識論的乃至懷疑的問題群にも無關心に事象に立ち向ふ所の、獨斷的觀方に立つ諸學がある。之等の學はその事象の原的所與から出發する——自己の認識を吟味する場合には毎時此の原的所與に還つて行く——、そして、その事象は如何なるものとして直接に與へられるか、又そのものを基礎として如何なるものがその事象及びその範圍の事象一般に對し間接に推論され得るか、といふ事を問ふのである。他方には、認識論的な——即ち特に哲學的といふ種類に屬する——觀方に立つ學的諸研究がある。之等の研究は認識の可能性に對する懷疑的な問題を探究する。卽ち先づその問題を原理的普遍性に於いて解決し、然る後既得の解決を適用して、獨斷的諸學の成果の究極的なる意味と認識價値とに對する評價に斷案を下して行くものである。尠くとも現在の時勢に於いては、そして又一般に十分に完成し且つ完全なる嚴密性と明晰性との域に迄發達した認識批判が缺如する間は、『批判主義的』問題提出に對し獨斷的研究の境界を遮斷するといふ事は正當である。之を換言すれば、認識論的な（而して通例は懷疑的な）先入見——それの正當不正當に就いては哲學が決定すべきであつて、獨斷的研究者を煩はすを要しない——が獨斷的研究者の研究の歩みを阻害しないやうに配慮する事が今のところ正當であると吾々には思はれるのである。然るに斯くの如く不利なる阻害を與へるといふのがとりも直さず諸懷疑論の遣り口なのである。

まさしく上述の事に依つて同時に又、學としての認識論がその故に固有の次元を必要とするに至る所のその特有の事情が示されてゐるのである。純粹に事象を目指し且つ洞觀の上に立つ認識は如何に滿足してゐるにしても、認識が反省的に自己自身を省みるや否や、あらゆる種類の認識――その下には又直觀や洞觀をも含む――の妥當の可能性は錯雜なる不明晰、殆んど解き難き困難を負はされてゐる樣に見えて來る。而して此の事は、認識客觀が認識に對して要求する所の超越性に關する場合には特にさうである。如何なる直覺、如何なる經驗及び洞觀にも抵抗して自己の權利を主張し且つ更に進んでは實際上の學問研究に於ける障礙をなす事さへもあり得る所の諸懷疑論が存在するのはまさしく此の故なのである。吾々は、此の障礙を自然的なる『獨斷的』學――上述に依つて明かなる如く茲には吾々は此の語に依つて毫も輕蔑を示さうとしてゐるのではない――の立場に於いて次の事に依つて排去する。即ち、吾々は唯あらゆる方法の最普遍的原理、即ちあらゆる所與の根源的權利といふ最普遍的原理だけを明かにし且つそれを生き生きと記憶して置くのであつて、それに反し種々なる認識種類及び認識雙關關係の可能性といふ內容的にして形態多樣なる問題は之を無視する――といふ事に依つて排去するのである。

第二篇　現象學的基礎考察

第一章　自然的觀方に於ける措定とその排去

二七、自然的觀方に依る世界——私と私の周圍世界

吾々は吾々の考察を自然的生活をなす人間として、即ち『自然的觀方に於いて』表象し、判斷し、感情し、意欲する人間として始めよう。それが何を意味するかを吾々は、簡單な省察に依つて明かにするのであるが、これは第一人稱で語る事に依つて行ふのが最上である。

私はひとつの世界を、即ち空間に於いて無限に擴がり時間に於いて無限に生成既成する世界を意識してゐる。「私はその世界を意識してゐる」といふ事は何よりも先づ「私はその世界を直接直觀的に眼前に見出す、即ち私はそれを經驗してゐる」といふ意味である。何等かの仕方で空間的に分布する物體的事物は、私がそれに特に注意して觀察的、思惟的、感情的、意欲的に關係してゐると否とを問はず、視、觸、聽等々の作用を通して、即ち種々なる仕方の感性的知覺に於いて私に對し單に其處に在る、即ち字義通りの乃至譬喩的の意味に於いて『手前に』(vorhanden)

在るのである。例へば人間の如き心を有てるものも亦私に對し直接に其處に在る。卽ち私は彼等を仰ぎ、視、その近づくのを聽き、その手を握り、語を交へて、彼等は何を表象し思惟してゐるか、彼等に於いて如何なる感情が起つてゐるか、彼等は何を願望乃至意欲してゐるかを直接に了解する。彼等も亦、私が彼等に注意してゐない時と雖も、私の直觀の野の裡に現實として、手前に在る。けれども、彼等も、同様に又その他の諸對象も丁度私の知覺の野の裡に在るとい事を必要とはしない。現實的客觀は、一定の、多少とも知られてゐる客觀として、それ自身は知覺されず否直觀的に現在してさへゐなくとも他の顯在的に知覺されてゐる客觀と一緒になつて、私に對し其處に在る。私はたつた今視て注意してゐた机から私の注意を移動させて、室のうち私の背後の未だ見なかつた部分を通り、ヹランダへ、庭園の中へ、四阿の中にゐる小供達へ等々と、卽ち直接隨伴的に意識されてゐる私の周圍の此處彼處に存在するといふ事を私が正に『知つてゐる』所の客觀のすべてへ、轉ずる事が出來る――玆に『知つてゐる』と言つたその知は毫も概念的思惟を含まない、そしてそれは、それに注意を向けると初めて（が併しその場合でも單に部分的に且つ又多くは甚だ不完全に）明晰的直觀へ轉化するものである。

併し此の直觀的に明晰乃至不明に、判明乃至不判明に隨伴的に現在するもの――卽ち顯在的知覺野の恆常的周邊を爲すもの――の範圍を以てしてさへも、覺めてゐる時は如何なる瞬間にも私に對し意識上『手前に』在る所の世界は盡されるものでない。此の世界は却つて、確定的なる存在列次をなして無限に及んでゐる。顯在的に知覺されてゐるもの、多少とも明晰に隨伴的に現在し且つ規定されてゐるもの（卽ち尠くとも幾分かは規定されてゐるもの）は、無規定的現實の不明に意識されてゐる地平に一部は混じて居り、一部は取り圍まれてゐる。私はその地平の中へ、種々變化する成果を收めつつ、注意といふ照明的視向光線を放つ事が出來る。次第に規定されて行く所の、卽ち始めは不明で後次第に生き生きと明かになつて行く所の現前化は、吾々に或るものを取り出し示してくれる。卽ち斯くの如き回想の鎖は連結して行き、規定の圈は次第々々に擴大して行つて、時には遂に中心的周圍部としての顯在的なる知覺の野との聯關が設定されるに至る事がある。併し一般には成果は別樣である。卽ち不明なる無規定性の空虛な霧は直觀的な可能性乃至蓋然性を宿して、唯世界の『形式』だけが正に『世界』として示される。尙ほまた無規定的周圍部は無限である。霧がかかつて決して完全には規定出來ぬ地平が必然的に其處に在るのである。

時間の繼起に於ける存在列次から見た世界も、その事情は上來私が探究した空間的現在の存在列次に於ける世界と丁度同樣である。今――而して勿論覺めてゐる「今」の各々に於いて――私に對し手前に在る此の世界は、二つの方向に無限なる時間的地平を有つてゐる。卽ち知つてゐるのと然らざる、直接に生き生きとしてゐるのと然らざる過去と未來との二つである。手前に在るものを私に直觀せしめる所の經驗といふ自由活働に依つて、私は私を直接に取り圍む現實の此の諸聯關を辿ることが出來る。私は空間及び時間中に於ける私の立場を變更し、視向を此處彼處へ、時間的には前方や後方へ向けるといふ事が出來る。卽ち私は絶えず新しく、多少とも明晰な且つ內容に富む知覺及び現前化を、換言すれば又多少とも明晰な形象——此の形象に依つて私は、時空的世界の固定的形式の中に於いて可能的にして蓋然的なるものを直觀に持ち來たす——を得ることが出來る。

　上の如き仕方に依つて私は、覺めてゐる意識に於いては常に內容的成素は變つても而も一にして同じき世界に關係してゐる所の私自身を見出す——此の事は決して變改することが出來ない。此の世界は絶えず私に對し『手前に』在る。そして私自身も此の世界の成員をなしてゐる。此の場合、此の世界は私に對し啻に單なる事象の世界として許りでなく、それと同樣の直接さに於いて價値世界、福利世界、實踐的世界としてそこに在るのである。私は手前の物が事象の諸性狀と同樣に價値の諸性質を具有してゐる事を、卽ち美醜、適意不適意、快適不快適等々である事を直ちに認める。直接的に物は使用客觀としてそこに在る。卽ち例へば『書物』を載せた『机』、『コップ』、『花瓶』、『ピアノ』等々の如き之である。之等の價値性質や實踐的性質も亦、手前の客觀や客觀一般へ私が向くと否とに拘らず、『手前に』在る客觀そのものに規整的に屬してゐるのである。此の事は勿論『單なる物』に對すると等しく私の周圍の人間及び動物に對しても亦言ひ得られる。卽ちそれ等は私の『友』或は『敵』、私の『召使』或は『上長』、『他人』或は『親族』等等なのである。

二八、コギト、私の自然的周圍世界とイデー的諸周圍世界

多様に變化交代する私の意識自發性——即ち探究的考察、記述に依る表明と概念化、比較と區別、集積と計算、前提と歸結等の作用、約言すれば種々なる形式と段階とに於ける理論構成的意識——の全體は實に此の世界、即ち私がその中に在り同時に又それが私の周圍世界である所の世界に關係してゐる。と正に同樣に又、情緒及び意欲の形態多樣なる作用と狀態、即ち適意不適意、嬉悅憂愁、希求逃避、希望恐忌、決意行動等も此の世界に關係してゐる。上例はすべて——自發的にその方へ向き把捉する事に依つて世界が直接に手前に在る世界として私に意識されてゐる所のその端的なる「私の諸作用」を含めて——デカルトの一用語コギトの包括する所である。自然的に生活し去つてゐる時は私は、私がコギトを供述すると否とを問はず、即ち私が私及びコギト作用に『反省的』に向つてゐると否とを問はず、私は絕えず右の〔コギトといふ〕全『顯在的』生活の根本形式に於いて生活してゐるのである。若し私が反省する場合には、そこにはひとつの新しきコギトが働いてゐる。が又此のコギトの方は反省されて居らず、それ故又私にとつて對象的になつてはゐないのである。

私は絕えず私に依つて、知覺し、表象し、思惟し、感情し、欲求し、等々する所の或る者とし

て見出される。そしてその場合に私は多くは、恆常的に私を取り圍む現實に顯在的に關係してゐる所の私を見出すのである。「多くは」と言つたのは、私は常に右の如く關係してゐるとは限らないからである。卽ち、私がその中に生活してゐる所のコギトの各々が物、人間、私の周圍世界の任意の對象乃至事態をコギタトゥム〔コギトされたるもの〕として有つてゐるとは限らないからである。例へば私は純粹なる數及びその法則の如きを取扱ふといふ場合があるのである。此の種のものは周圍世界卽ち『實在的現實』たる此の世界に於いて手前に在るものではない。數の世界もやはり、正に算術的取扱ひの客觀の野として私に對してそこに在る。斯くの如き算術的取扱ひを受けてゐる間は個々の數乃至數成體は、一部分は規定されて居り一部分は規定されて居らぬ算術的地平に取り圍まれて、私の視點の裡に在るであらう。併しながら斯く、定在者そのものの如く、「私に對しそこに在る」とは言つても、それは定在者の場合とは明かに別樣なのである。算術的世界は、私が算術的觀方を執つてゐる時だけ又その間だけ、私に對してそこに在るものである。然るに自然的世界卽ち普通の語義に於ける世界は、私が自然的に生活し去つてゐる間は絕えず私に對してそこに在るものである。又私が自然的に生活し去つてゐる間は、私は『自然的觀方』を執つてゐるのである。無論此の二つの言ひ方はとりも直さず同じ事を意味するのである。此の事實は、私が時に算術的世界やそれに類似の他の諸『世界』を、夫々に適應する觀方をなす事に依つて獲得する場合にも、全然變改されるを要しない。斯くの如き場合にもあひ變らず自然的世界は『手前に在る』世界で居るのであり、私は依然として自然的觀方に居るのである。此の點は新しき觀方に依つて亂される事がない。私のコギトが單に此の新しき觀方の諸世界内にのみ働いてゐる場合には、自然的世界は注意の外に在る。卽ちそれは私の作用意識に對して背景をなしてゐるのであつて、算術的世界の屬する地平をなしてゐるのではない。同時に手前に在る之等兩者の世界は、兩者の私への關係——これに依つて私は私の視向及び私の作用を自由に兩者の一方へも他方へも向け込み得る——を外にしては、互に聯關がないのである。

二九、『他の』諸々の私主觀と共同主觀的なる自然的周圍世界

私自身に就いて言はれ得る事はすべて、私の知る所に依れば、私が私の周圍世界に於いて手前に在るのを見出す所の他の人々のすべてに就いても亦言ひ得られる。彼等を人間であるとして經驗して、私は彼等を私自身もその一である如き私主觀として、又彼等の自然的周圍世界に關係してゐるものとして了解し、受取る。ところで此の場合私は、彼等の周圍世界と私の周圍世界とは客觀的には一にして同じき世界であつて、これが單に吾々のすべてに對して種々異なつた仕方で意識されるに過ぎぬものであると解してゐる。各人は夫々其處からして手前に在る物を視るところの場所を有つて居り、隨つて又各人が夫々異なる物體現出を有つてゐる。顯在的なる知覺の野、回想の野等々も亦——その裡に於いて共同主觀的に共通に意識されてゐるものでさへ、種々異な

る仕方に依つて、即ち種々異なる把握仕方、明晰度等々に於いて意識されてゐるといふ事實を姑く措いても——各人にとつて種々異なる野である。以上にも拘らず吾々は隣人達と互に意思を疏通させ、且つ又共通にひとつの客觀的なる時空的現實を、吾々すべての、而も吾々自身もそれに屬する所の、定在的周圍世界として措定するのである。

三〇、自然的觀方の總措定

吾々が上來自然的觀方に於ける所與の特性を示す爲めに、又その事に依つて自然的觀方そのものの固有特性を示す爲めに述べた事は、あらゆる『理論』以前の純粹記述の一部であつた。理論——玆ではそれは各種の先入見を意味する——をば吾々は此の諸研究に於いては嚴密に遠ざけようと思ふ。理論が吾々の研究領界に入るのは唯吾々の周圍世界の事實としてだけであつて、現實的なる乃至は思念されたる妥當の統一としてではない。が吾々は今玆では、純粹記述を續行し、それを高めて自然的觀方（のみならずそれと調和的に組み合され得るすべての觀方）に於いて見出されるものの、體系的に包括的なる、即ち廣さと深さとを盡す程の特性敍述たらしめる事を課題とはしない。斯くの如き課題は——學問上の課題として——確立され得るものであり又確立されねばならぬものではある。そして又それは從來は殆んど氣づかれなかつたとは云へ、ひとつの非常に重要なる課題ではある。がそれは今吾々の課題ではない。吾々現象學の門戸へと努力しつつある者にとつては此の方面に關しては必要な事はすべて既に成就されてゐる。即ち吾々の今必要としてゐるのは唯、吾々の以上の記述に於いて既に又十分豐富なる明晰さを以て現はれた所の自然的觀方の全く一般的なる二三の特性に過ぎない。此の豐富なる明晰さこそ正に吾々にとつて特に肝要な點なのである。

吾々は左記に重要な點をも一度取り出して置かう。唯一の時空的現實――即ちその中に存しそれに對し同樣の仕方で關係してゐる所の他のすべての人間と等しく私自身もそれに屬してゐる現實――を、私の對者として恆常的に手前に在るのを見出す。私は『現實』を――既にその語義から言つて左樣であるが――定在的として眼前に見出し、そしてそれが私に與へられる通りに、やはり定在的として受取る。自然的世界の諸所與に對する如何なる懷疑や拒否も、自然的觀方の總措定には何等の變化も及ぼさない。世界『なるもの』は現實として常に定在する。即ちそれはたかだか此處又は彼處に於いて私が想つたと『別樣』であるに過ぎない。即ち此の又は彼のものが『假象』、『幻覺』等々の名稱の下にその世界なるものから言はば抹殺されねばならない。茲に世界なるものといふのは――總措定の意味に於いて――常に定在する世界の事である。此の世界を、素樸なる經驗知識が爲し得るよりも更に包括的に、更に、確實にあらゆる點に於いて更に完全に認識する事、即ち素樸なる經驗知識を地盤として提出される學的認識の課題のすべてを解く事、此の事が自然的觀方に立つ諸學の目的である。

三一、自然的措定の根本的變更、『排去』、『括弧入れ』

扨此の自然的觀方に留まる事なく、吾々はその觀方を根本的に變更し度いと思ふ。今や此の變更の原理的に可能なる事を確める必要がある。

實在的周圍世界が恆常的に、單に一般に把捉的に意識されてゐる許りでなく定在的『現實』として意識されてゐるといふ事の據つて可能なる總措定の本質は、勿論ひとつの獨自の作用卽ち現存に關する明確に言ひ表はされたる判斷に存するものではない。此の總措定は勿論、〔自然的〕觀方の續く限りの間、卽ち自然的に覺めて生活し去つてゐる間絶えず存立してゐるものである。時折に知覺されたもの、明晰乃至不明に現前化されたもの、約言すれば自然的世界から經驗的に且つ如何なる思惟にも先立つて意識されたもののすべては、その全統一に於いても又そのあらゆる鮮明なる輪郭から云つても『そこに』『手前に』といふ性格を有つてゐる。此の性格は、此の性格に一致せる表出的（述定的）なる存在判斷が本質上それを基礎として築かれる所のものである。吾々が此の存在判斷を陳述しても、而も、吾々の知る所に依れば、此の判斷に於いて吾々は、非主題的に、思惟せられずに、述定せられずに、旣に根源的經驗の裡に何等かの仕方で、或は經驗されたものの裡に『手前に』といふ性格として存してゐたものを、主題として述定的に把捉したにすぎぬのである。

それ故、潛在的にして表出的ならざる措定を吾々は表出的なる判斷措定と全く同様に取扱ふ事が出來る。斯くの如き如何なる時にも可能なる處置の一例としては、例へば、デカルトが全然別の目的の爲めに、卽ち絶對に疑ひなき存在領界を明かにし盡す意圖で企てた所の普遍的なる懷疑試行の如きがそれである。吾々も此の試行から始める。が併し直ちに强調すべき事は、吾々は普遍的なる懷疑試行をこれ——これの本質に就いては確定せるものとして——に依つて明證的に露呈さるべき或る諸點を取り出す爲めの方法的手段としてのみ役立たせ度いと欲するにすぎぬといふ事である。

普遍的なる懷疑試行は吾々の完全なる自由の範圍に屬する。といふのは、吾々が如何に固く信じてゐるものでも、否十全なる明證を以て確認してゐるものでも、その各々のすべてに吾々は懷疑を試みる事が出來るのである。

斯くの如き懷疑作用の本質の裡に何が存するかを吾々は熟考してみよう。懷疑を試みる者は何か或る『存在』を、卽ち述定的に表明すれば『それは在る！』、『それは斯々の狀態である！』等等といふ事を疑はうと試みる者である。此の場合存在種類には無關係である。例へば彼がその存在を疑はぬところの或る對象が斯々の性質であるか否かといふことを疑ふ者は、正にその對象の「斯々の性質である」といふ事を疑つてゐるのである。此の事は勿論疑ふ事から移して疑ふ試みに就いても言ひ得られる。更にまた明かなのは、吾々が或る存在を疑つて且つ同じ意識に於いて

（卽ち同時といふ統一形式に於いて）此の存在の基體に措定を施す――隨つてそれを『手前に』といふ性格に於いて意識してゐる――事は不可能である、といふ事である。同樣の事を言ひ換へれば、吾々は同じ存在質料を同時に疑ひ且つ確實と考へる事は出來ぬのである。又全く同樣に明かな事であるが、手前に在りとして意識されてゐる或るものを疑ふ試みは措定に對する或るひとつの廢棄を必然的に招來するものだといふ事である。そして正に此の事こそ吾々の關心を有つ點である。これは措定を反措定に、肯定を否定に、轉化する事ではない。それは又推量、期待、不決定、懷疑（言葉の如何なる意味に於いても）に轉化する事でもない。斯くの如きは無論吾々の自由なる恣意の領分に屬してはゐない。却つてそれは全然獨自のものである。吾々がなした措定を吾々は放棄するのではない。吾々は吾々の確信に何等の變化をも加へるものではない。その確信は吾々が新しい判斷動機を導入しない限りそれ自身に於いて何處迄も現にあるが儘でゐる。そして斯くの如き動機導入は吾々の正になさざる所なのである。とは言へ而も吾々のなした措定はひとつの變樣を受ける――卽ちそれはそれ自身に於いて現にあるが儘でゐるのではあるが、併し吾吾はそれを言はば『作用の外に』置き、吾々は『それを排去』し、吾々は『それを括弧に入れる』のである。その措定は、丁度括弧に入れられたものが括弧の中に、排去されたものが排去の聯關の外に在ると同樣に、依然猶ほそこに在るのである。吾々は之を又次の樣にも言ふことが出來る。卽ち措定は體驗である。併し吾々は措定を『使用しない』。が併しそれは勿論、無意識なる人に就いて「彼は何等の措定も使用しない」と言ふ場合の如く、缺如の意味であるのではない。然らずして此の用語に於いては、すべての之に並行なる用語に於ける如く、もとの端的措定（それは顯在的なる、加之又述定的なる存在措定であると否とを問はず）に附加し、正に獨特なる仕方に依つてそれに價値顚倒を加へる一定獨特なる意識仕方を指示する事を示さうとしてゐるのである。此の價値顚倒は吾々の完全なる自由に屬する事であり且つ又、措定と並列さるべくして而も『同時』といふ統一に於いては措定と相容れぬ所の思惟態度のすべてに對し、恰も一般に本來の語義に於ける態度なるもののすべてに對すると等しく、對立するものである。

措定に對し、又吾々の前提する所に依れば或る確實にして且つ持續されたる措定に對し加へられる懷疑試行に於いては、反措定といふ變樣に於いて、又それを以て、即ち非存在の『推定』を以て、『排去』がなされる。それ故此の非存在の推定は懷疑試行の隨伴的根柢をなしてゐるのである。デカルトに於いては此の非存在の推定は甚だ優勢であつて、彼の普遍的なる懷疑試行は本來は普遍的否定の試みであると言ひ得られる程である。此の事は吾々は姑く措く。といふのは、懷疑試行の如何なる分析的成素も、隨つて又懷疑試行に對する精密にして十分なる分析も吾々の關心する所ではないからである。吾々は唯『括弧入れ』乃至『排去』の現象だけを剔出しようとするのである。此の現象は懷疑試行の現象からは特に容易に取り出す事が出來るとはいへ、明かにそれのみに結びついてゐるのではなく、却つて他の現象とも錯綜して、又同樣にそれ自身單獨にも現はれ得るものである。吾々は如何なる措定に關しても、而も又全く自由に、此の獨特のエポケーを行ふ事が出來る。即ち眞理に就いての明證なる、それ故に現に不動なる、又時には動かす可からざる確信と調和する所の或るひとつの判斷中止を行ふ事が出來る。措定は『働きの外に置』かれ、括弧に入れられる、即ちそれは『括弧に入れられたる措定』といふ變樣に轉化するのであり、單なる判斷は『括弧に入れられたる判斷』に轉化するのである。

勿論人は此の意識を『單に想ひ浮べる』といふ意識、例へば『ニンフ達が輪舞してゐる』といふ如き意識と單純に同一視してはならない。此の兩者の意識間の近き親近性は他の方面に於いては明かに存してゐるとは言へ、現に生き生きとして居り且つ何處迄もその狀態を續ける確信に對する排去は後者の意識に於いては何等現はれてゐないのである。況して排去されたる意識は『假定』乃至『假說』の意味に於ける想ひ浮べ——普通の曖昧な言ひ方では『私はそれが斯々である事を想ひ浮べる（私はさういふ假定をする）』といふ言葉を以て言ひ表はされる——等を指すのではない。

更に注意して置くべき事であるが、上述意識の方面と雙關的に、措定される對象性——それは如何なる領域乃至範疇に屬するとしても——に關しても亦括弧入れを語るに何等の妨げもないのである。此の場合には、此の對象性に關係せしめられてゐる措定は何れも排去され且つその括弧入れの變樣に轉化さるべきである、といふ意味である。精密に見るならば、「働きの外に置く」と言ふのは孰れかといへば作用乃至意識の領界に適合するものであるが、それと丁度同樣に括弧入れといふ譬喩は元來寧ろ對象の領界に適合してゐるのである。

三二、現象學的エポケー

扨吾々は次にデカルトの普遍的懷疑試行の代りに、吾々の嚴密に規定された新しい意味での普遍的『エポケー』を代らせる事が出來るであらう。併し吾々は十分なる根據を以て此のエポケーの普遍性を制限するのである。何故ならば、若し假りに此のエポケーが苟くもその可能なる限りに包括的なるものであるとするならば、如何なる措定乃至判斷も全く自由に變樣され、判斷の主辭とされ得る如何なる對象性も括弧に入れられ得る故、變樣せられざる判斷に對する餘地、況んや學に對する餘地は最早殘されないといふ事になるであらうからである。然るに吾々の目指す所は、ひとつの新しき學的領分、而も正に括弧入れ――けれども此の場合は一定に制限された括弧入れ――の方法に依つて獲得せらるべき領分の發見に外ならぬのである。

如上の制限は次の如く一言を以て言ひ表はされ得る。

自然的觀方の本質に屬する總措定を吾々は作用の外に置く。即ち此の措定が存在の點に於いて包括するあらゆるすべてのものを吾々は括弧に入れる。即ちそれ故此の全自然世界――これは恆常的に『吾々に對しそこに』、『手前に』在る、そして吾々が勝手にそれを括弧に入れても猶ほ意識的『現實』として引き續きそこに殘るであらう――を括弧に入れるのである。

斯く私が、私の完全な自由に隨つて、上述の如く括弧入れを行ふ場合に、私は宛もソフィストであるかの如く此の『世界』を否定するのでもなく、宛も懷疑論者であるかの如く此の世界の定在を疑ふのでもない。私の行ふのは、私をして時空的定在に關する如何なる判斷をも全然差控へしめる所の『現象學的』エポケーなのである。

それ故此の自然的世界に關するすべての學を、假令それが私に如何に確實に思はれ、私がそれを如何に嘆賞し、又私がそれに毫末の抗議でも加へよう等とは思ひも寄らぬとしても、私はそれを悉く排去するのである。卽ちそれ等すべての學の妥當を使用しないのである。私は之等の學に屬する命題――假令それが完全に明證的であつても――の唯一つをも採用しない、卽ちそれ等命題の何れをも私は受取らず、その何れをも私は基礎としないのである、――但し此の事は、その命題が、之等の學に於いて然る通り、此の世界の諸現實に關する眞理であると解される限りに於いてである事は十分注意すべきである。私がその命題に括弧を施した後にだけ、私はそれを假定するといふ事が許される。換言すれば、唯判斷排去といふ變樣せられたる意識に於いてだけであり、隨つてその命題が學に於ける命題、卽ち妥當を要求し且つその妥當を私が承認し使用する命題であるとして假定出來るのでは決してないのである。

人は玆に問題となつてゐるエポケーを實證論者の要求するそれと混同しはせぬであらう。そして實證論者は勿論——吾々の信ぜざるを得なかつた如く——己れの要求するエポケーを自ら犯してゐるのである。今玆に問題になつてゐるのは、研究の純粹事象性を曇らすあらゆる先入見の排去でもなく、すべての基礎づけを直接眼前に見出し得るものに還歸せしめる事に依つて『理論から自由』な、『形而上學から自由』なひとつの學を規整する事でもなく、又右の如き目的——此の目的の價値に關しては勿論問ふ所でない——を達する爲めの手段でもない。吾々の要求するものは別の方面に在る。自然的觀方に依つて措定せられたる、卽ち經驗に依つて現實的に眼前に見出されたる全世界は——假令それが、現實に經驗されたる世界卽ち經驗の聯關に於いて明かに現はれる所の世界である通りに、全く『理論から自由』に受取られても——今は吾々に取つて何等の價値もない。卽ちその世界は、吟味されず又論議もされずに括弧に入れられる運命にあるのである。同樣にして、此の世界に關する理論や學は、假令實證論的乃至その他の仕方で基礎づけられた如何に立派なものでも、すべて右と同一の運命に陷る可きものなのである。

第二章　意識と自然的現實

三三、現象學的剩餘としての『純粹』乃至『先驗的意識』への序說

吾々は上來既に現象學的エポケーの意味を了解するに至つた。併しそれの可能的作業は全く不明である。特に不明なのは、エポケーの全領界に對する上述所示の制限に依つて、實際如何程迄エポケーの普遍性に對する制限が與へられてゐるかといふ事である。すべてのコギト作用を有つ吾々自身をも含む所の全世界が排去されてゐる場合に、抑も何が殘存し得るのであるか。

上來の省察を支配する興味はひとつの新しき形相學に關するものなる事は讀者の既に知る所である。それ故、事實としての世界こそ排去を受けるが併し形相としての世界は、同樣に又如何なる他の本質領界も、排去されはしないといふ事は讀者の先づ第一に豫期する所であらう。實際又世界の排去といつても、例へば數系列及びそれに關係する算術の如きものの排去を意味するのでない事は勿論なのである。

にも拘らず、吾々は如上の途を歩むのではない。吾々の目的は又その方面に在るのでもない。即ち吾々は吾々の目的を「眞の領域の各々と同樣に個體的存在の領域である所のひとつの新しき、即ち從來その特質に關して限界を劃された事のなかつた存在領域の獲得」とも呼ぶ事が出來るのである。これが更に詳細には何を意味するかは、後に述べる論定に依つて明かになるであらう。

吾々は先づ直接呈示の途を進んで、自然的觀方に於いて吾々に與へられてゐる我なるもの、意識なるもの、體驗なるもの等の側から考察しよう。何故ならば、呈示さる可き存在は、吾々が本質的基礎に由つて、〔一方に〕純粹なる『意識の雙關者』と他方に『純粹我』とを有つ所の『純粹體驗』、『純粹意識』と呼ぶであらう所のものに他ならぬからである。

私は——私、卽ち自然的世界に於ける他の人々と同樣に現實的人間乃至實在的客觀である。私は諸コギタティオ卽ち廣義及び狹義に於ける諸『意識作用』を爲すが、之等の作用は、此の人間的主觀に屬するものとして、同じ自然的現實の出來事である。同樣にその他の私の體驗もすべてそれの出來事である——自我作用と特に呼ばれるものは此の體驗の變化する流れから全く獨特な仕方で閃き出で、相互に融合し、結合して綜合をなし、間斷なく變樣するのである。最廣義に於いては意識といふ言葉は——勿論此の場合の用法は些か不適當ではあるが——あらゆる體驗を總括する。決して迷はぬが故に極めて確實なる習慣に依つて吾々が學的思考に於いても亦執つてゐる如くに、吾々が『自然的觀方を執つて』ゐる場合には、吾々は心理學的反省に依つて見出し得る此の體驗なるものを全部實在的なる世界出來事、卽ち正に心を有するものの體驗であると考へる。此の心理學的反省に依つて見出し得る體驗を單に右の如き體驗とのみ見ることは吾々にとつて甚だ自然的であつて、吾々は、今や旣に變更されたる觀方の可能なる事を熟知し且つ新しき客觀範圍を捜し求めてゐるのであり乍ら、而も上の體驗領界が、それから新しき觀方に依つて新しき範圍が生ずる所のその當のものなる事には全然氣づかない程なのである。吾々が、吾々の視向を此の體驗領界へ向けて置かずに、之を轉じて、算術、幾何學等々の存在學の領分に新しき客觀を求めたのも無論上述と聯關する事である——勿論斯くしては本來の新しきものを獲得する事は不可能であらう。

以上の故に吾々は視向を緊乎と意識領界に向けて置いて、吾々が此の領界に於いて內在的に見出すものは何であるかを研究するのである。先づ第一に――未だ現象學的判斷排去を行はずに――吾々は意識領界に對して、決して完璧ではないが併しひとつの體系的なる本質分析を施して行かう。吾々にとつて是非必要な事は、意識一般の本質に對して、及び特に又、それ自身に於いて、卽ちその本質からみて『自然的』現實が意識される限りの意識の本質に對して、或る普遍的洞觀をなすといふ事である。吾々は此の研究に於いては、吾々の目指す可き洞觀を行ふに必要なる限り研究を進めよう。その洞觀とは卽ち、意識はそれ自身にひとつの固有存在を、卽ちその絕對的なる固有本質上現象學的排去を蒙らぬ固有存在を有つてゐるといふ洞觀である。此の故に意識は『現象學的剩餘』として殘存する。卽ち實際に、ひとつの新しき學――現象學――の分野たり得る所の原理的に獨自なる存在領域として殘存するのである。

右の洞觀に依つて初めて『現象學的』エポケーはその名に値するに至るであらう。卽ち十分意識してエポケーを遂行する事は、吾々をして『純粹』意識及び更に進んでは現象學的全領域に到達せしめる所の必須的操作であるといふ事がわかるであらう。正に此の事に依つて、此の領域及び此の領域に屬する新しき學が從來知られずに居らざるを得なかつた理由が明かになるであらう。自然的觀方に於いては自然的世界以外には決して何ものも見られ得ない。現象學的觀方の可能なる事が認められず、且つ又此の現象學的觀方と共に生ずる對象性を原的に把捉せしめる所の方法が完成されなかつた間は、現象學的世界はひとつの未知の、否殆んど豫想だにされざる世界たるに留まらざるを得なかつたのである。

吾々の術語に就いて猶ほ次の事を附加して置き度い。今後甚だ屢々論ずるであらう所の『純粹』意識の事を吾々は又先驗的意識とも呼び、並びに又此の意識が由つて以て獲得される所の操作をも先驗的エポケーと呼ぶのであるが、之は認識論上の問題群に基づく重要な理由に因つて正當とされる事である。方法的には此の操作は『排去』乃至『括弧入れ』の相異なれる段階に分れるであらう。隨つて吾々の方法は段階的還元といふ性格を採るであらう。此の故に吾々は、加之主として、現象學的諸還元――乃至は又その全體統一といふ點から見て統一的に、現象學的還元なるもの――といふ言葉を用ひ、それ故に認識論的見地からしては又先驗的諸還元とも稱するであらう。兎に角之等及びすべての吾々の術語は、專ら吾々の敍述が指定する意味に隨つてのみ理解さるべきものであつて、歴史とか讀者の用語癖とかの示す所の、何等か他の意味に解さるべきではない。

三四、主題としての意識の本質

吾々は現象學的エポケーに努めざる範圍内に於ける一聯の考察から始めよう。吾々は自然的なる仕方で『外界』に向つて居り、且つまた吾々の我及び我の體驗に對し、自然的觀方を棄てることなしに、心理學的反省を施すのである。吾々は、恰も吾々が新しき種類の觀方に就いて何事も知らない場合に爲すであらうと全く同様な風に、『或るものに就いての意識』の本質に沈潛する。(此の意識に於いて吾々は例へば物質的なる物、身體、人間の定在、技術的作品、文學的作品の定在等々を意識してゐる)。吾々は吾々の普遍的原理卽ち「如何なる個體的出來事も、形相的純粹さに於いて把捉され得る所の、且つ此の純粹さの點から見て、可能的なる形相的研究の分野に屬さねばならぬ所のそれ自身の本質を有つてゐる」といふ原理に隨ふ。それ故『我在り』、『我思惟す』、『我は我に對立してひとつの世界を有つ』等々の如き一般的なる自然的事實も亦その本質內實を有つてゐる。そして今吾々は專ら此の本質內實のみを取扱ひ度いと思ふのである。それ故吾々は實例として任意の個別的意識體驗を――自然的觀方に於いて與へられる如く實在的なる人間的事實と解して――行はう。或はまた吾々は右の如き意識體驗を回想乃至は自由に假構する想像に依つて現前化しよう。斯くの如き實例を基礎として――吾々は此の基礎を完全に明晰なるものとして前提する――吾々は吾々の關心する純粹本質を十全なるイデー化に依つて把捉し確定する。その時個別的事實、自然的世界一般の事實性は――吾々が純粹に形相的なる研究を行ふ場合には常に然る如く――吾々の理論的視野から消え失せるのである。

更に吾々は吾々の主題を制限しよう。吾々の主題の標題は「意識、或は更に明かには、非常に廣い意味に於ける――此の意味を精密に定義する事は幸ひ當面の問題でない――意識體驗一般」といふのであつた。右の精密なる定義は、吾々が茲に行ふ種類の分析の始めに於いて存するものではなくして、大なる勞苦の後に來る成果である。出發點として吾々は、先づ第一に現はれる含蓄深き意味――デカルトのコギト卽ち『我思ふ』といふ語に依つて最も簡潔に表はされる所の意味――に於ける意識を採らう。周知の通り、コギトといふ語はデカルトに於いては『我知覺す、我囘想す、我想像す、我判斷す、感情す、欲求す、意欲す』の各々、從つて無數の流動的特殊相に於ける何等か之と類似の自我體驗のすべてを包括する如き廣い意味に解された。吾々は我そのもの――卽ち自我體驗がすべてそれに關係して居り、或はその我が自我體驗に『於いて』非常に種々なる仕方で『生活』し、能動的、受動的、自發的であり、又受容的及びその他の仕方で『態度を取る』所のその我――斯くの如き我は之を差當り考察の外に置く。卽ちあらゆる意味に於ける我を考察の外に置くのである。我に就いては吾々は後に至つて尙ほ根本的に取扱はう。今のところでは、分析と本質把捉とに根據を與へるには外に十分材料がある。その場合吾々は直ちに、意識體驗なる概念を特に諸コギタティオと呼ばれるものの此の圏內以上に擴張せざるを得ざらしめる所の包括的なる體驗聯關を考察せねばならぬ事を覺るであらう。

意識體驗を吾々は具體性の全く豐富な所で考察する。意識體驗は此の具體性と具體的聯關――體驗の流れ――を成して現はれるのであり、そして意識體驗はその固有の本質に依つて互に結合して此の具體的聯關を成すのである。右の考察をなす場合には、反省的視向の觸れ得る體驗の流れは孰れも、固有の、直覺的に把捉さるべき本質を、即ちその固有性自體に於いて觀察される所の『內容』を有つてゐるといふ事が明證となる。吾々に取つて大切なのは、コギタティオの此の固有內實をその純粹なる固有性に於いて把捉し且つそれを普遍的に性格づける――隨つてコギタティオがそれ自身に於いて然かある所のものから見てそのコギタティオの裡に存せざるものはすべて之を除外して然かする――といふ事である。同樣にまた必要なのは、意識統一を、即ち諸コギタティオの固有性に依つて純粹に要求されて居り且つまた此の統一なくしては諸コギタティオが在り得ない程にまで必須的に要求されてゐる所の意識統一を性格づけるといふ事である。

三五、『作用』としてのコギト、非顯在性變樣

吾々は實例を以て始めよう。私の前には薄暗がりの中に此の白い紙が在る。私はそれを視、それに觸れる。かく紙を知覺的に視たり觸れたりする作用は――此處に在る紙に就いての完充なる具體的體驗として、換言すれば、精確にこれ等の性質に於いて與へられたる、即ち精確に此の比較的の不明晰さに於いて、此の不完全なる被規定性に於いて、私への此の定位に於いて現出してゐる所の紙に就いての體驗として――ひとつのコギタティオ即ちひとつの意識體驗である。自身の客觀的諸性狀卽ち空間に於ける延長、私の身體と稱する空間物に對する客觀的位置等を有つて

ゐる此の紙自身はコギタティオではなくしてコギタトゥムである。卽ち知覺體驗ではなくして知覺されたものである。ところで成程知覺されたもの自身が意識體驗であるといふ事は勿論あり得る。が併し、物質的なる物――例へば知覺體驗に於いて與へられてゐる此の紙――といふ如きものは、原理的に何等の體驗でもなくしてそれとは全く別種の存在種類に屬する存在であるといふ事は明證的である。

更に考察の歩を進めるに先立つて吾々は引例を敷衍しよう。本來の知覺 (Wahrnehmen)、卽ち認知 (Gewahren) としての知覺に於いては私は、對象例へば此の紙へ注意を向けてゐる。卽ち私はそれを此處に今存在する此のものとして把捉する。把捉とは取り出して把捉する事である。言ひ換へれば如何なる知覺されたものもひとつの經驗背景を有つてゐるのである。此の紙の周圍には書物、鉛筆、インク壺等々が、或る仕方ではやはり『知覺』されて、知覺的に其處に、『直觀の野』に在る。けれども私が紙に注意を向けてゐる間はそれ等は如何なる注意も把捉も――單に第二次的なるそれと雖も――受けてゐない。それ等は現出はしたのであるが、併し取り出され、それ自身として措定されはしなかつたのである。斯くて物の知覺の各々は一つの背景直觀――直觀といふ言葉が旣に「注意を向けてゐる」といふ意味を含むとすれば、背景直觀 (Hintergrundsanschauungen) は背景觀 (Hintergrundschauungen) と言ひ換へても良い――の庭を有つてゐる。之もやはりひとつの『意識體驗』、約言すれば『意識』、卽ち隨伴的に觀られたる對象的『背景』の裡に實際存してゐるすべてのものに『就いての』意識である。併し此の場合に論じてゐるのは、客觀的空間――假令此の空間は觀られたる背景に屬するとはいへ――の中に『客觀的』に見出さるべきもの、卽ちあらゆる物及び物的なる出來事――それは妥當的にして進展的なる經驗が其處に在りと確定するものであるとはいへ――に就いてでないことは自明的である。論ずる所は專ら『客觀に注意を向ける』といふ樣態に於いて行はれる知覺の本質に屬する所の意識の庭に就いてだけであり、更に進んでは此の庭そのものに固有なる本質の裡に存するものに就いてだけである。ところでこれには次の事が含まれてゐる、卽ち、吾々が『視向』――格別に又單純に肉眼的なる視向なのではなくして『精神的視向』の自由擬向と呼ぶもの、卽ち最初に視向を與へられた紙から、旣に初めから現出して居りそれ故に『含蓄的』に意識されてゐる對象――それは視向擬向の後には顯現的に意識されたる卽ち『注意して』知覺されたる乃至は『附帶的に認められたる』對象となる――への視向の自由擬向と呼ぶ所の或る變樣を、原體驗に加へる事が可能であるといふ事が含まれてゐる。

物は知覺に於ける如く回想及び回想に似た現前化に於いても亦意識され、自由想像に於いても亦意識される。孰れも時には『明晰なる直觀に於いて』、時には著しき直觀性なしに『不明』なる表象といふ仕方で、意識される。卽ち之等の場合物は種々なる『性格づけ』に於いて、卽ち現實的なる、可能なる、假構せられたる等々の物として、吾々の眼前に浮ぶのである。吾々が知覺體驗に就いて詳述した事がすべて、之等の本質的に異なる諸體驗に就いても當嵌まる事は明かである。之等の意識仕方に依つて意識された對象（例へば想像されたニンフ）を「それに就いての意識」なる意識體驗と混同するといふ事等は吾々の夢想だもしない所である。次に又吾々は以下の事を認めるのである。卽ち上述の如きすべての體驗――此の體驗は常に完充なる具體性に於いてあるものとする――の本質にはかの注目すべき變樣、卽ち顯在的に注意をそれに向けてゐるといふ樣態に於ける意識を非顯在性といふ樣態に於ける意識に移らしめ又此の逆をも行ふ所の變樣が屬してゐるといふ事である。或る場合には體驗はそれの對象者に就いての言はば『顯現的』なる意識であり、他の場合には含蓄的なる、卽ち單に潛在的なる意識である。對象者は知覺に於けると同樣に囘想乃至想像に於いても旣に吾々に對し現はれてゐる事はあり得る。併し吾々は、假令第二次的にも、それに對し未だ精神的視向を『向けて』ゐるのではない、況んや特別にそれを『取扱つて』等ゐるのではない。

上述と同樣の事を吾々は、デカルトの引例範圍の意味に於ける任意のコギタティオに於いて、卽ち思惟、感情、意欲といふすべての體驗に對して、確認するのである。但し、次節に於いて明かになる事であるが、顯在性の特性を表はす所の「の方に向つてゐる」、「に注意を向けてゐる」といふ事は感官的表象の諸例――最も簡單なるが故に上來特に引用した諸例――に於ける如く意識客觀に對する選出把捉的注意と全く一致するといふわけではない。それ等體驗のすべてに就いても亦「顯在的體驗は非顯在的體驗の『庭』に取り圍まれてゐる」といふ事は明かに當嵌まる。即ち體驗の流れは決して純粹に顯在性のみからは成り立ち得ないものであるといふのである。此の顯在性こそ正に、吾々の引例圏外に出でざるを得ぬ最廣の普遍化に於いて、また非顯在性に對する既述の對照に於いて、『コギト』なる語即ち「私は或るものに就いての意識を有つてゐる」、「私はひとつの意識作用をなしてゐる」といふ事の深い意味を規定するものである。此の確定的概念の嚴密な區別を保持する爲めに、吾々はデカルトの所謂コギト及びコギタティオといふ用語を專ら右の確定的概念の爲めに保留するであらう。尤も明確に『非顯在的』等々の如き附加語を加へて變様を示す場合は別である。

『覺めたる』我を定義して吾々は「己れの體驗の流れの内に於いて、コギトなる種類の形式に於ける意識を連續的に行ふ所の我」と言ふことが出來る。これは勿論、その我はそれ等の體驗を絕えず或は一般に述定的表現に迄齎して居り且つ又齎し得るものである、といふ意味ではない。言ふ迄もなく動物的なる自我主觀も亦在るのである。然るに上述した所に依れば、覺めたる我の體驗の流れの本質には、連續的に進行する諸コギタティオの連鎖は絕えず非顯在性なる仲介に依つて取り圍まれてゐるといふ事が屬してゐる。即ち此の非顯在性は常に顯在性なる樣態に移り行くべく待構へて居り、同樣に又逆に顯在性は非顯在性に移り行くべく待構へてゐるのである。

三六、指向的體驗、體驗一般

顯在的意識の體驗が非顯在性への移行に依つて受ける變化は如何に徹底的であるといへ、而もその變樣された體驗は猶ほもとの體驗と著しき本質共通性を有つてゐるものなのである。各々の顯在的コギトの本質には普遍的に、或るものに就いての意識であるといふ事が屬してゐる。曩に詳述した如く、變樣されたるコギタティオも、それ自身の仕方で、同樣に意識であり、且つ又それに對應する變樣せられざるコギタティオの場合と同じものに就いての意識である。意識の普遍的なる本質特性はそれ故、變樣の場合にも猶ほ保持されてゐる。此の本質特性を共有する體驗はすべて『指向的體驗』(『論理學的諸研究』の最廣義に於ける作用)とも稱せられ、それは或るものに就いての意識である限り此の或るものに『指向的に關係されてゐる』と稱せられる。

此の場合よく注意せねばならぬ事は、玆に論じてゐるのは何等か或る心理學的出來事――體驗と呼ばれる――と或る他の實在的定在――對象と呼ばれる――との間の關係に就いてではなく、乃至は又客觀的現實に於いて一方と他方との間に現はれると言はれる如き心理學的結合に就いてでもないといふ事である。然らずして玆に論ずるのは、純粹にその本質から見た體驗に就いてであり、乃至は純粹本質に就いてなのである。又本質の裡に、即ち『先天的』に、即ち無制約的なる必然性を以て含まれてゐる所のものに就いてなのである。

體驗は或るものに就いての意識であるといふ事、例へば假構は一定のケンタウルの假構であり、又知覺はそれの『現實的』對象の知覺であり、判斷はそれの事態の判斷である等々といふ事、此の事は世界に於ける――特に事實としての心理學的聯關に於ける――體驗事實に關してではなくして、イデー化に依つて純粹イデーとして把捉されたる純粹本質に關して言はれる事である。體驗自身の本質の裡には、單にそれは意識であるといふ事のみでなく、それは何に就いての意識であるかといふ事及び如何なる規定的乃至無規定的意味に於いて意識であるかといふ事も亦含まれてゐる。それ故非顯在的なる意識の本質の裡にも亦、上に論じた變樣――即ち吾々が『以前には注意されなかつたものに對する注意的視向の擬向』と呼んだ變樣――に依つてそれは如何なる種類の顯在的コギタティオへ移行され得るかといふ事が含まれて在るのである。

最廣義の體驗といふ時吾々は體驗の流れに於いて見出されるあらゆるすべてものを意味する。それ故單に指向的體驗、即ち顯在的及び潛在的なるコギタティオ――その完充なる具體相に於けるそれ――のみに限らず、此の體驗の流れ及びその具體的諸部分に於ける實的契機に於いて見出し得るものを悉く意味するのである。

即ち容易にわかる通り、指向的體驗の具體的統一に於ける實的契機の各々がそれ自身指向性なる基礎性格を、隨つて『或るものに就いての意識』であるといふ特性を、有つてゐるわけではないのである。此の事は例へば、物に對する知覺的直觀に於いて甚大なる役目を演ずる所の感覺與件のすべてに就いて言はれ得る。此の白紙の知覺といふ體驗の裡に、更に詳しくは此の紙の白さといふ性質に關係してゐる知覺成素の裡に、吾々は適當なる視向擬向に依つて白といふ感覺與件を發見する。此の白は此の具體的知覺の本質に不可分離的に屬する或るものである。即ちそれに實的なる具體的成分として屬するものである。それは此の紙の現出的白を示現する內容としては、或る指向性の所持者である。けれどもそれ自身或るものに就いての意識であるのではない。丁度之と同じ事が他の體驗與件、例へば所謂感官的感情に就いても言はれ得る。此の事に就いては吾吾は後に至つて更に詳しく述べるであらう。

三七、コギトに於いて純粹我が或るもの『に向けられてゐる事』、及び把捉的注意

指向的體驗に對し更に立入つて記述的なる本質分析を加へる事は玆には不可能であるが、吾々は今以下の論述の爲めに注意すべき二三の契機を取り出しておかう。指向的體驗が顯在的であり、それ故にコギトといふ仕方で行はれてゐる場合には、主觀はその體驗に於いて指向的客觀に『向つて』ゐる。コギト自身にはそれに內在的なる「客觀『への視向』」が屬してゐる。此の『への視向』は他方又『我』から發出する。それ故此の我は決して缺如するを得ないものである。或るものへの此の自我視向は夫々の作用に從つて、即ち知覺に於いては知覺的なる、假構に於いては假

構的なる、適意に於いては適意的なる、意欲に於いては意欲的なる等々の『への視向』となる。それ故これは次の事を意味する。卽ち、コギト卽ち作用そのものの本質に屬する所の此の「視向の中に、卽ち精神的なる眼の中に有つ」といふ事はそれ自身又獨自の作用であるのではない、そして特に知覺（如何に廣い意味に於ける知覺でも）とは混同すべきでなく、且つ又知覺に親近なる他の如何なる種類の作用とも混同すべきでない、といふのである。注意すべきは、意識の指向的客觀（それは意識の完充なる雙關者といふ意味）は決して把捉された客觀と同じものを指すのでないといふ事である。吾々は「把捉されてゐる」といふ意味を客觀（對象一般）の概念に無造作に含ましめる習慣がある。といふのは吾々は、その概念に想ひ及び、その概念に關して或る事を言ふや否や、直ちにその概念を「把捉されたもの」といふ意味に於ける對象としてしまふからである。最廣義に於いては把捉といふ事は、特別に注意してゐるか或は附帶的に注意してゐるかは問はず兎に角「或るものに注意する」、「或るものに氣が付く」といふ事と同じである。斯くともこれ等の言葉が普通理解されてゐる所ではさうである。ところが此の注意乃至把捉といふのは、コギト一般の樣態卽ち顯在性の樣態を指すのではないのであつて、更に精確に見るならばこれは、未だそれを有たぬ如何なる意識乃至作用と雖もそれを採り得る樣なその特殊的作用樣態を指すのである。作用が此の樣態を採ると、その作用の指向的客觀は單に一般的に意識されてゐるのみでも、又精神的にそれに「向けられてゐる」といふ視向の中にあるのみでもなく、それは把捉せられたる卽ち氣づかれたる客觀なのである。吾々が物に向つてゐるのは勿論把捉といふ仕方に依るより外は不可能である。すべての『端的に表象され得る』對象性に於いても亦之と同樣である。卽ちその場合「向ふ」といふ事は（假令假構の場合と雖も）それ自身『把捉』、『注意』なのである。併し乍ら吾々は評價の作用に於いては價値あるものへ、喜びの作用に於いては喜ばしきものへ、愛の作用に於いては愛せられたるものへ、行爲する場合に於いては行爲へ、その孰れをも把捉する事なくして向つてゐるのである。指向的客觀、卽ち價値あるもの、喜ばしきもの、愛せられたるもの、希望されたるものそのもの、行爲としての行爲等は寧ろ、獨自の『對象化的』對向に依つて初めて把捉せられたる對象となるのである。成程或る事象に評價的に向つてゐるといふ事の裡には同時にその事象の把捉が含まれてはゐる。けれども評價作用の完充なる指向的雙關者をなすのは單なる事象ではなくして、價値ある事象乃至價値なのである。（此の事に就いては吾吾は後更に詳しく述べるであらう。）それ故『或る事象に評價的に向つてゐる』といふ事は直ちに價値を『對象──それに關し述定するには吾々が有たねばならぬ如き把捉される對象といふ特別な意味の對象──として有つてゐる』といふ事を意味するものではない。この事はその對象に關係するすべての論理的作用に就いてもさうである。

それ故評價的作用といふ如き種類の作用に於いては吾々は、二重の意味に於いて指向的客觀を有つのである。卽ち吾々は單なる『事象』と完充なる指向的客觀とを區別し、それに對應して二重の指向即ち二重の「向つてゐる事」を區別せねばならぬ。吾々が評價の作用に於いて或る事象に向つてゐるとすると、その時その事象へ向つてゐるのはその事象への注意即ちそれの把捉であつて、而も又吾々は——但し把捉といふ仕方に依つてではなしに——價値にも『向つて』ゐるのである。單に事象表象のみに限らず、それを取り圍む事象評價も亦顯在性なる樣態を有つものである。

併し吾々は直ちに、事情が斯く簡單なのは正に簡單なる評價作用の場合に於いてだけである、といふ事を附け加へねばならぬ。一般に情緒作用及び意志作用はより高次的に基づけられてゐる作用であり、隨つて指向的客觀性も亦複雜化し、統一的全客觀性に含まれる客觀が對向を受ける仕方も亦複雜化するのである。併し何れにしても次の主要命題の言ふ所は正當である。

注意といふ樣態は如何なる作用に於いても働いてはゐる。併し此の樣態が端的なる事象意識でない場合即ち事象に對し『態度を取る』所の進んだ意識が事象意識に基づけられてゐる場合には、事象と完充なる指向的客觀（例へば『事象』と『價值』）とは、同樣に又注意と「精神的視向の中に有つ」とは必ず互に別のものとなる。けれども同時に又此の基づけられてゐる作用の本質には變樣の可能性が屬してゐる。即ち此の變樣に依つて該作用の完充なる指向的客觀は注意されたる對象となり、此の意味に於いて又『表象されたる』對象となる。斯くなると此の對象の方では又、表明、關係づけ、概念的理解及び述定に對して主辭として役立ち得るのである。單なる自然事象のみならず、各種の價値及び實踐的客觀、卽ち都市、照明裝置ある街路、住宅、家具、藝術作品、書物、道具等々が自然的觀方に於いて、隨つて自然的世界の一部として吾々に對立するのは、如上の客觀化に依つてなのである。

三八、作用への反省、內在的知覺と超越的知覺

更に進んで吾々は次の如く附加しよう、卽ちコギトの裡に於いて活きる時吾々はコギタティオそのものを指向的客觀として意識して有つてゐるのではない、けれどもそのコギタティオは何時でもさうなる事が出來る、卽ちコギタティオの本質には、『反省的』視向擬向（勿論新しきコギタティオ——それは端的把捉といふ仕方で前のコギタティオに向けられる——といふ形での視向擬向）の原理的可能性が屬してゐる。換言すれば、如何なるコギタティオも所謂『內部知覺』の對象となる事が出來、更に進んでは反省的評價卽ち賞讚乃至非難等々の客觀となり得るのである。これと同じ事が、「印象なる作用」といふ意味に於ける現實的作用に就いて言はれる如く、吾々が想像に『於いて』、回想に『於いて』、或は又他人の作用を了解し追體驗しつつ感情移入に『於いて』意識する所の諸作用に就いても亦、適當なる變樣の下に言ひ得られる。吾々は回想、感情移入等々に『於いて』反省し、それ等に『於いて』意識された作用を把捉及び把捉を基礎とする「態度を取る作用」の客觀となすことが——種々なる可能的變樣に於いて——出來るのである。

吾々は茲には先づ超越的なる知覺乃至作用一般と內在的なる知覺乃至作用一般との區別に結びつけて論述しよう。外部知覺及び內部知覺といふ言葉を用ひる事は、深甚の警戒を拂ふ必要がある故、吾々は之を避けよう。吾々は次の如く說明する。

內在の方へ向けられた作用、更に廣くは內在に關係せられたる指向的體驗といふ時吾々は、「その指向的對象は、苟くもそれが存在する以上、その體驗自身と同じ體驗流に屬する」といふ事を己れの本質中に含む體驗を意味するのである。それ故此の事は例へば、作用が、同じ我の作用に（コギタティオがコギタティオに）關係されてゐる場合、或は同樣に作用が、同じ我の感官的感情與件に關係されてゐる場合等々に於いて常に當嵌まる事である。意識とその客觀とは純粹に體驗に依つて打建てられたる個體的統一をなしてゐるのである。

以上の事の現はれない指向的體驗は超越の方へ向けられてゐる。例へば、本質に向けられたる作用のすべて、或は他の體驗流を有てる他の我の指向的體驗に向けられたる作用のすべて、同樣に又物に向けられたる作用のすべて、實在一般に向けられたる作用のすべて等の如き之である。此の事は後に示されるであらう。

內在の方へ向けられたる知覺卽ち短くは內在的知覺（所謂『內部』知覺）の場合には、知覺と知覺せられたるものとは本質上ひとつの媒介なき統一を、卽ち唯一の具體的なるコギタティオの統一をなしてゐる。此の場合知覺する作用はその客觀を自己の裡に藏してゐるのであつて、知覺は客觀から單に抽象的にのみ、即ち單に本質的には非獨立的なる知覺としてのみ引き離され得るに過ぎぬのである。知覺されたものが指向的體驗である場合、例へば吾々が或る正に生き生きとしてゐる確信を（例へば「私は……なる事を確信す」と供述しつつ）反省する場合の如きに於いては吾々は、二つの體驗――その中尠くとも比較的高次の體驗は非獨立的であり、且つ加之それは比較的低次の體驗に單に基づいてゐる許りでなく同時に又それに指向的に向つてゐる――の抱合を有つのである。

此の種の實的に『含まれてゐる事』（之は本來は譬喩にすぎぬ）は內在的知覺及びそれに基づいてゐる「態度を取る事」のひとつの著しき特徵である。此の特徵は指向的體驗の內在的關係の上述以外の場合の多くに於いては缺如するものである。例へば囘想の如きに於いては固よりさうである。囘想されてゐる昨日の囘想は現在の囘想に對し、後者の具體的統一の實的成分として一緒に屬してゐるのではない。昨日の囘想なるものが實際は存在しなかつたといふ如き場合と雖も、現在の囘想はその固有の全本質上存在し得るであらう。ところが併し昨日の囘想も、若しそれが事實存在した場合には、現在の囘想と共に、兩者を多樣なる體驗具體相に依つて連續的に媒介する所の、決して中斷されてゐない一にして同じき體驗流に、必然的に屬するのである。此の點から見て、超越的知覺及びその他の超越に關係せられた指向的體驗は明かに全然別樣の狀態に在るのである。物の知覺は單にその實的成素の裡に物そのものを含んでゐない許りでなく、それは又物とは――勿論その物の存在は前提されてゐるのであるが――如何なる本質的統一をもなしてゐない。體驗そのものに固有なる本質に依つてのみ規定されてゐる統一としては、唯體驗流の統一があるのみである。同一の事を換言すれば、體驗は體驗とのみ結合して全體――此の全體の全本質は之等體驗の固有本質を包括し且つそれに基づいてゐる――をなし得るものである。此の命題は後に至つて更に一層明晰となり、且つその重要な意義を獲得するであらう。

三九、意識と自然的現實、『素樸』人の見解

吾々が既に獲得した體驗及び意識のすべての本質特徴は、吾々を絶えず指導してゐる目標に達する爲めに、即ち現象學の分野をそれに依つて規定しようと思ふ所のかの『純粹』意識の本質を獲得する爲めに、吾々にとつて必須なる第一段階をなすものである。吾々の考察は形相的であつた。然るに體驗、體驗の流れ、隨つて又あらゆる意味に於ける『意識』の本質の個々の單獨的事例は、實在的なる出來事として自然的世界に屬するものであつた。吾々は無論自然的觀方の地盤を放棄したのではなかつた。個體的意識は自然的世界と二重に絡み合つてゐる。即ちそれは何等か或る人間乃至動物の有つ意識であり、且つ又、尠くともその特殊相の大多數に於いては、此の世界に就いての意識なのである。扨然らば實在的世界との此の絡み合ひから見るならば、「意識はひとつの『固有なる』本質を有つてゐる、即ちそれは他の意識に對して、それ自身に完結し、純

粹に此の固有本質に依つて規定されてゐるひとつの聯關、即ち意識の流れの聯關をなしてゐる」といふ事は何を意味するのであるか。此の疑問は――吾々は玆で意識を如何に廣い意味にも、即ち最後には體驗の概念と一致する意味にも解する事が出來る故――體驗の流れとそのすべての成素との固有本質性に關するものである。先づ第一に、物質的世界は如何なる點に於いて體驗と原理的に別種な、體驗の固有本質性から除外されたものであるといふのであるか。物質的世界が若しかかるものであるならば、即ち全意識及びその固有本質性に對し『疏遠なるもの』、『別の存在』であるならば、如何にして意識は此の物質的世界と絡み合ひ得るのであるか。物質的世界、從つて意識に疏遠なる全世界と絡み合ひ得るのであるか。「從つて」といふ理由は、人の無論容易に確信できる通り、物質的世界は自然的世界の任意の一斷片ではなくて、爾他すべての實在的存在がそれに本質的に關係されてゐる自然的世界の基柢層をなすものだからである。此の物質的世界に猶ほ缺如してゐるものとして人間の心及び動物の心がある。そして此等の心が導入する新しいものは先づ第一に、それ等の心がその周圍世界に對し意識的に關係されることに依つて『體驗する』といふ事である。とはいへ此の場合意識と物性とは結合せられたる全體をなしてゐる。即ち吾々が「心を有てるもの」と呼ぶ所の個々の心的＝物的統一體に於いて結合されて居り、最高段階に至つては、全世界の實在的統一體に於いて結合されてゐるのである。全體の統一はその部分の固有本質に依つて統一的となつてゐるより外仕方がないであらう。隨つてその部分は原理的異質性でなく何等かの本質共通性を有たねばならない。

事情を明かにする爲め吾々は究竟的源泉を探し求めよう。即ち私が自然的觀方に於いて行ふ所の世界に對する總措定がその養分を汲み取る源泉、從つて、私が定在的なる物の世界を私に對立するものとして意識に依つて眼前に見出す事、即ち私が此の世界に於ける私に對しひとつの身體を歸しそれ故に私自身を此の世界に組み入れ得る事、此の事を可能ならしめる所の究竟的源泉を、探し求めるのである。此の究竟的源泉は明かに感性的經驗である。併し吾々の目的に取つては感性的知覺を考察すれば十分である。蓋し感性的知覺は經驗諸作用の中に在つて或る正しい意味に於いて原經驗――他すべての經驗作用は基礎づける力の主要部分を此の原經驗から得て來る――の役目を演ずるものであるからである。如何なる知覺意識も、個體的客觀――それは又純粹論理的意味に於いては個體乃至個體の論理的＝範疇的轉化である(一)――の有體的自體現在の意識であるとふ固有性を有つてゐる。感性的なる、即ち更に明瞭には、物的なる知覺に關する所の吾々の場合に於いては、論理的個體は物なのであつて、物の知覺を、（特性、經過等々に就いての）他の知覺のすべての代表者として扱へばそれで十分である。

吾々の自然的なる覺めたる自我生活は絶えざる顯在的乃至非顯在的知覺である。物の世界と、その世界に於いて吾々の身體とは、絶えず知覺的に定在する。然らば、それ自身に具體的存在たる意識そのものと、意識に「對立」するとし且つ『アン・ウント・フュール・ジヒ』なりとして意識に依つて意識されたる存在即ち知覺されたる存在、との兩者は、如何にして互に分離し且つ分離し得るのであるか。

私は先づ『素樸』人として省察してみよう。私は物そのものをその有體性に於いて視且つ把捉する。勿論私は時々誤まる。而も單に知覺された性狀に就いてのみに限らず定在そのものに就いても亦誤まる。錯覺乃至幻覺に陷るのである。その時知覺は『眞の』知覺ではない。併し若し知覺が眞の知覺である場合には、即ち換言すれば、若し知覺が顯在的なる經驗聯關に於いて、時に依つては正確なる經驗思惟の助けを藉りて『確證』される場合には、知覺された物は現實的にあり、知覺に於いては現實的にそれ自身に、即ち有體的に與へられてあるのである。此の場合知覺作用は――若しそれを單に意識として觀て身體及び身體諸機關を度外視すれば――宛もそれ自身に本體なき或るもの、即ち空虛なる『我』が已れと顯著に接觸する客觀そのものの方を眺め遣るといふ空虛なる働き、であるかのやうに見えるのである。

（一）上述第一五節（七二―七三頁）參照。

四〇、『第一』性質と『第二』性質、有體的に與へられたる物は『物理學的に眞なる物』の『單なる現出』

上來私は『素樸人』として、『感性に依つて欺かれて』上述の如き反省を縷說するといふ傾向に從つたとするならば、今度は私は『學的人』として、あの有名な第二性質と第一性質との區別を想起するのである。此の區別に從へば感官性質といふ種類の性質は『單に主觀的』であり、幾何學的＝物理學的性質のみが『客觀的』であると稱せられる。物の色、物の音、物の臭及び味等は、假令それ等が物に於いて如何に『有體的』に、その物の本質に屬するものとして、現出してゐるにしても、それ自身として、又其處に現出してゐるものとして現實的であるのではないのであつて、或る第一性質に對する單なる『記號』なのである、と稱せられる。併し乍ら若し私が周知の物理學說に想ひ及ぶならば、私は右の甚だ人氣ある命題の含む思想が恐らく字義通りのものではあり得まいといふ事を直ちに察知する。字義通りのものといふのは、知覺された物に就いて單なる現出であるのは實際唯感性的『といふ種類の』性質のみなるかの如く考へる思想である。此の思想に隨へば、感性的性質を控除した後に殘る『第一』性質は他の現出せざる第一性質と並んで、客觀的に眞に存在する物に屬するといふ事になる。斯く解するならば、延長――即ち物體性及び他すべての第一性質の此の本質核心――は第二性質なしには考へ得られぬといふバークレの古き抗議は無論正當となるであらう。知覺された物の全本質內實、それ故に又有體性に於いて其處に存する全物――それの性質のすべて及び何時かは知覺され得べき性質のすべてを込めて――はむしろ『單なる現出』なのであつて、『眞なる物』は物理學的なる學に於ける物なのである。此の學が、與へられた物を專ら原子、イオン、エネルギー等々の如き概念に依つてのみ規定し且つまた如何なる場合にも、空間を充たす出來事――數學的表出がそれの唯一の特徴表示である――として規定する時には、その學はその故に、有體性に於いて其處に存する物の全內容を超越せゐるものを意味してゐるのである。然りとすればその學は、物を以て自然的なる感官空間の中に存する物の意味とすらなすを得ない。換言すればその學の意味する物理學的空間は有體的なる知覺世界の空間ではあり得ない。然らざればその學も亦無論バークレの抗議を受けるに至るであらう。

それ故『眞なる存在』なるものは、知覺に於いて有體的現實として與へられてゐる存在とは、全然且つ原理的に、別樣に規定されたものとなるであらう。蓋し此の知覺に於いて與へられてゐる存在は專ら感性的諸規定――感官空間的規定もやはり之に屬する――を具へてのみ與へられてゐるものなのである。本來的に經驗された物といふのは單なる『これ』卽ち空虛なるXを示すのである。そのXとは卽ち數學的規定及び所屬の數學式の所持者となるものであり、且つ又知覺空間の中にではなく或る『客觀的空間』――知覺空間とは此の空間の單なる『記號』である――の中に、卽ち單に象徵的にのみ表象せられ得る三次元のユークリッド複素體の裡に現存するものである。

斯くて吾々は次の事を承認しよう。卽ち嚮に說いた如く、あらゆる知覺に於いて有體的に與へられたるものは『單なる現出』である。卽ち原理的に『單に主觀的』ではあるが而も何等空虛なる假象ではないといふのである。併し兎に角、知覺に於いて與へられたるものは、自然科學の嚴密なる方法に於いて、かの超越的存在——知覺に於いて與へられたるものはそれの『記號』である——の妥當なる規定、即ち何人にも行はれ得且つ明瞭に吟味せられ得べき規定をなすに役立つものである。知覺に於いて與へられたるものそのものの感性的內實はそれ自體に存在する眞なるものとは別のものであると言ひ得られる事は依然として事實である。が併し又、知覺せられたる規定の基體卽ち所持者（空虛なるX）は物理學的賓辭を以てする精密なる方法に依つて規定されるものであるといふ事も亦確かに依然として言ひ得られるのである。隨つて逆に各々の物理學的認識は、可能なる經驗の進行——その經驗に於いて見出される感官物及び感官物的出來事も含めて——を示す指標として役立つものである。物理學的認識は、それ故、吾々すべてがその中に生活し行爲してゐる所のその顯在的經驗の世界に於ける定位を與へるに役立つものである。

四一、知覺の實的成素と知覺の超越的客觀

以上すべてを前提として、扨何が、コギタティオとしての知覺そのものの具體的なる實的成素に屬してゐるのであるか。自明なる如くそれは物理學的なる物ではない。かかる全然超越的なる物——即ち全『現出界』に對し超越的なる物——ではない。併し此の現出界も亦、如何に『單に主觀的なる』世界と呼ばれてゐるにしても、その世界の如何なる個物及び出來事から見ても知覺

の實的成素に屬してはゐない。卽ち此の現出界は知覺に對しては『超越的』なのである。吾々は更に詳しく此の事を考察しよう。吾々は今卒爾にではあるが既に物の超越性といふ事を言つた。超越的なるものはそれが意識される意識に對し如何なる關係に立つか、謎を藏する此の相互關係は如何に解さるべきであるか――今度は此の事を更に深く洞見する必要がある。

依つて吾々は物理學の全體及び理論的思惟領分の全體を除外する。吾々は端的直觀とそれに屬する綜合との埒內――知覺は此の埒內に屬する――に留まらう。然る時は、直觀と直觀されたもの、知覺と知覺物、とは成程その本質上互に關係されてはゐるが、併し原理的必然上、實的に又本質上一つに結合されてはゐないといふ事が明證になるのである。

吾々は實例から出發しよう。空間に於ける私の位置を常に變へつつ此の机の周圍を步き廻はり乍ら絕えず此の机を視てゐる場合私は、此の一にして同じ机、卽ち同一の、全然變化せずにゐる机の有體的定在に就いての意識を連續的に有つてゐる。併し机の知覺は絕えず變化する知覺である、卽ちそれは變化交代する知覺の連續である。私は眼を閉ぢてみる。視覺以外の私の感官は机に對して無關係である。此の時私は机に就いて何等の知覺も有つてゐない。私は眼を開く。すると私は再び又知覺を有つ。がそれは以前と同じ知覺なのであらうか。吾々は更に精確に之を檢しよう。知覺は如何なる場合にも個體的に同一なる知覺として回歸するものではない。新しい知覺を回想と結びつける所の綜合的意識に依つて自同的なるものとして意識されて同一のものであるのは唯机だけである。知覺された物は知覺されずとも、又唯單に潛在的に（曩に述べた(一)非顯在性といふ仕方で）意識されてゐるといふ事すらなくとも、存在し得る。而してそれは變化せずに存在し得る。併し知覺そのものはその性質上、意識の絶えざる流動の裡に在り且つ又それ自身ひとつの絶えざる流動である。卽ち「知覺の今」は間斷なく變じて「たつた今過ぎ去れるもの」に就いての――「今」に接續する――意識となり、同時に又新しき「今」が閃き出し、以下之を繰返すものである。知覺された物一般と等しく、それの部分、側面、契機等に歸屬するものも亦、第一性質たると第二性質たるとを問はず、すべて悉く、如何なる場合にも同樣なる根據に由つて必然的に知覺を超越してゐる。視られたる物の色は、原理的に何等色に就いての意識の實的契機でない。卽ちその色は現出はするが、併しそれが現出してゐる間その現出は、經驗の證示する所に依れば、連續的に變化し得るのであり且つ又變化せざるを得ぬのである。同一の色が色彩射映の連續的多樣に『於いて』現出する。同樣の事が感性的性質の各々並びに空間的形態の各々に就いても言はれ得る。一にして同じき形（同一なるものとして有體的に與へられたる）は連續的に繰返し繰返し『別の仕方で』卽ち常に別の形態射映に於いて現出するのである。此の事はひとつの必然的事情であり且つ又明かに普遍妥當性を有つものである。蓋し上來吾々が知覺に於いて不變的に現出する物の場合に就いて説明して來たのは、專ら簡單の爲に外ならなかつたのである。上述の事は容易に任意の變化の場合に移して當て嵌め得る事なのである。

同一の物に就いての經驗意識――『全面的』なる、即ち連續的統一的にそれ自身に於いて確證される經驗意識――は、連續的なる現出多樣性と射映多樣性とのひとつの多樣なる體系を本質必然的に有つてゐる。此の現出及び射映の多樣に於いて、有體的自體所與といふ性格を具へて知覺に入つて來る對象的契機はすべて一定の連續をなして〔顯現乃至〕*射映するのである。各々の規定性は己れの射映體系を有つてゐて、物の全體に對すると同樣に各々の規定に對しても亦次の事が言はれ得るのである。即ち規定性は、把捉する意識即ち回想と新しき知覺とを綜合的に合一する意識に對して――顯在的知覺の連續過程に於いては中斷されるにも拘らず――やはり同一の規定性としてそこに在るといふ事である。

斯くて同時に吾々は、茲に物の知覺と呼ばれる所の具體的なる指向的體驗の實的成素に、實際に又疑ひもなく屬してゐるものは何であるかを覺るのである。物は指向的統一である。即ち互に融合して行く知覺の多樣が連續的に統制されて流れて行く場合に自同統一的に意識されたものである。然るに此の知覺の多樣そのものは、本質上上述の指向的統一に聯結してゐる一定なる記述的成素を絶えず有つてゐる。例へば如何なる知覺相にも、色彩射映、形態射映等々の或る一定內實が必然的に屬してゐるのである。之等射映は『感覺與件』に、即ち一定類を有つ獨自的領域の與件に、算入される。そして此の與件はそれ等夫々の一定類の內部に於いて、該類の具體的なる體驗統一（即ち感覺の『野』）に結びついて居り、更には――その仕方はここでは詳しくは述べられぬが――知覺の具體的統一に於いて『把握』に依つて生化されて居り、そして此の生化作用に依つて『示現機能』を行ふのであり、乃至は此の機能と一つになつて吾々が色、形、等々『の現出』と呼ぶ所のものを形成してゐるのである。此のものは、以上の外更に諸々の性格と組み合つて、知覺の實的成素をなす。そして此の知覺は一にして同じき物に就いての意識であるが、それが可能なのは、右の把握の本質に基礎を置いてゐる――把握統一への――聯結に依るのであり、更に復把握の種々なる統一の本質に基づく――同一化の綜合への――可能性に依るのである。

之は嚴に注意して居るべき事であるが、色彩射映、滑性射映、形態射映等々の機能（卽ち『示現』の機能）を行ふ所の感覺與件なるものは單に色といふもの、單に滑らかさといふもの、單に形といふもの、約言すればすべての種類の物的契機とは全く原理的に異なるものである。射映は射映されたものとは、その名稱こそ同じではあるが、原理上同一の類に屬するものではない。射映は體驗である。ところが體驗は體驗としてのみ可能であつて、空間的なるものとしては可能でない。然るに射映されたものは原理的に唯空間的なるものとして可能なるに過ぎぬ（卽ち正にその本質上空間的である）のであつて、體驗としては可能でない。特に又、形態射映（例へば三角形のそれの如き）を空間的にして且つ空間に於いて可能なる或るものと考へる事もひとつの悖理である。そして斯く考へる者はその射映を射映された形卽ち現出してゐる形と混同してゐるのである。扨更に進んで、コギタティオとしての知覺の種々相異なる實的契機（それは知覺を超越せるコギタトゥムといふ契機に對立する）は如何にして體系的に完全に區別さるべきであるか、又それ等實的契機はそれの區分――その區分の或るものは甚だ困難である――に從つて如何に性格づけられるべきであるか。此の事は大なる研究へのひとつの主題である。

（一） 上述第三五節、特に一二九―一三〇頁參照。
＊「　」内は第二版以後附加。（譯者註）

四二、意識としての存在と實在としての存在、直觀仕方の原理的區別

上述考察の結果として、物はそれの知覺に對し超越的なること、更には又その物に關係せる如何なる意識一般に對しても超越的なることがわかつた。此の事情は唯單に、物は事實的に意識の實的成分としては見出され得ぬといふ意味に於いて然るのみでなく、寧ろこれは全くひとつの形相的に洞觀し得る事情である。即ち物は全然制約なく普遍的乃至必然的に、如何なる可能的知覺に於いても、如何なる可能的意識一般に於いても實的に内在的なる成分として與へられては居り得ないのである。それ故體驗としての存在と物としての存在との間には基礎本質的な相違が現はれてゐる。體驗といふ領域的本質（特にその領域の分化なるコギタティオ）には、「それは内在的知覺に依つて知覺され得る」といふ事が原理的に屬してゐる。然るに空間物的なるものの本質には「それは内在的知覺に依つては知覺され得ぬ」といふ事が原理的に屬してゐる。更に深く分析

するならば、物を付與するあらゆる直觀の本質には「物として與へられたるものと一緒に物と類比的なる他の所與が、適當なる視向擬向に依つて把捉され得る、卽ちその所與は物として現出するものの規整に於ける時には引き離し得る如き層乃至底層と同樣の仕方で把捉され得る——例へば種々なる特殊相に於ける『錯視物』の如し——」といふ事が屬してゐる事がわかつて來る。さうであるとするならば、物に類比的なる所與に就いては物に就いてと全く同一の事が言はれ得る。卽ちそれは原理的超越者であるといふのである。

吾々は此の內在と超越との對立を更に少しく深く辿るに先立つて、次の如き註記を加へて置き度いと思ふ。知覺を別にして、吾々はその本質上それの指向的客觀——が併しそれは如何なる種類の客觀であつてもかまはない——の實的內在を拒否する如き多種の指向的體驗のある事を見出す。卽ち例へば各々の現前化、卽ち各々の回想、感情移入に依る他人の意識の把捉等々の如き之である。吾々は勿論此の種の超越を、吾々が今玆に研究する超越と混淆してはならない。內在的に知覺され隨つて又一般に體驗聯關に於いて見出されるといふ事ができぬといふ性質は、物そのものに、卽ち吾々が以下更に解明し決定すべき眞の意味に於ける各々の實在に、本質的に且つ又全く『原理的』(一)に屬してゐる。その故に物そのもの乃至端的なる物は、超越的であると稱せられるのである。此の事がすなはち存在仕方の原理的區別そのもの、苟くも存在する限りの最も基本的なる區別、卽ち意識と實在との間の區別を示してゐるのである。

内在と超越との間の斯くの如き對立には、吾々の以下の敍述に依つて示されてゐる如く、與へられ方の原理的區別が屬してゐる。内在的知覺と超越的知覺との區別は唯單に一般に、指向的對象卽ち有體的自性といふ性格に於いてそこに存してゐる對象が、前者の場合には知覺作用に實的に内在し後者の場合にはさうでないといふ點に在る許りではなく、寧ろひとつの與へられ方に存する。此の與へられ方は知覺に對するあらゆる現前化變樣、卽ち知覺に並行なる回想直觀及び想像直觀へ移つても、適當な變化の下に、その本質的區別を伴つてゐるのである。吾々が物を知覺するのは、何等かの場合に『現實的』に且つ本來的に知覺の裡に『落ちて來る』すべての規定の點で物が『射映』するといふ事に依るのである。體驗は射映しない。『吾々』の知覺は物の單なる射映を通してでなければ物そのものに近づき得ぬといふ事實は、物の偶然的恣意乃至は『吾々の人間的組織』の偶然性であるのではない。然らずして、此の如き性質の存在は原理的に知覺に於いて唯射映を通してのみ與へられ得るといふ事實は明證的であり、且つ又空間物たる性質の本質から取り出され得る。(加之『錯視物』を包含する如き最も廣い意味に於いてさうである。)コギタティオ卽ち體驗一般は上の事實を拒否するといふ事も亦等しく此のものの本質から取り出され得る。換言すれば、體驗の領域に屬する存在者にとつては、『現出』、射映を通しての顯現、といふ如きものは全く何の意味もない。空間的存在がない場合には、視るといふ事、卽ち種々なる立場から、種々變つた方位に於いて、その際現はれる種々なる側面から、種々なる展望、現出、射映等から視るといふことを云云するのは正に何の意味もない事である。然るに他方、空間的存在一般は或る任意の我にとつて（各々の可能なる我にとつて）唯上述の與へられ方に依つてのみ知覺され得るといふ事實を本質必然性として必證的洞觀に依つて把捉するのはひとつの本質必然性なのである。空間的存在は或るひとつの『方位』に於いて『現出』し得るのみである。此の方位と共に、常に新しき諸方位の體系の可能なる事が必然的に示されてゐる。その新しき諸方位の各々には又、吾々がこれこれの『側面』等々の所與といふ樣に呼ぶ所の或るひとつの『現出仕方』が對應する。現出仕方といふ言葉を吾々が體驗仕方の意味に解すると、（が此の言葉は又、今成し終へた記述に依つて明かなる如く、作用に雙關する存在の意味をも有ち得る）、それは次の如き意味となる。卽ち獨特に形成されてゐる體驗の種類、更に詳しくは獨特に形成されてゐる具體的知覺は、その本質上、それ等の働きに於ける指向的なるものは空間物として意識されてゐるといふ性質を有つてゐる。換言すればそれらはその本質上、一定の秩序ある連續的なる知覺多樣——それは何處までも繼續できるものであり、從つて決して完結してゐないものである——へ移り行く事がイデー的に可能であるといふ性質を有つてゐる。そこで、此の知覺多樣の本質構造の裡には、その多樣は調和的に能與なる意識の統一を——而も唯一つの、絶えずより完全に、絶えず新しき側面から、又絶えずより豐富な規定を具へて現はれる所の知覺物に就いて——作り出すものであるといふ事が含まれてゐる。他方に於いて空間物は、原理的に右の如き現出仕方の統一としてでなければ與へられ得ぬ所の指向的統一に外ならないのである。

（一）吾々は此處で、本書に於いては一般にさうである樣に、『原理的』といふ言葉を嚴密な意味に用ひる。即ち最高の、隨つて又最も根本的なる本質普遍性乃至本質必然性に關して用ひる。

四三、原理的誤謬の解明

上述の如くであるから、「知覺は――又、物に對する他種類の直觀の各々も夫々の仕方で――物そのものには到達しない」と考へるのは原理的誤謬である。此の考へに隨へば、物そのものはそれ自體にも又それの自體存在に於いても、吾々には與へられて居ないといはれる。各々の存在するものには、それをそれがあるが如くに端的に直觀し且つ特にそれを十全なる知覺――即ち『現出』を通しての如何なる媒介をも經ずに有體的なる自體を與へる所の知覺――に依つて知覺するといふ事の原理的可能性が屬してゐるといはれる。勿論神、即ち絶對に完全なる認識の――隨つて亦可能なる十全的知覺のすべての――主觀は、物自體そのものに就いての、吾々有限者には許されてゐない認識を有つてゐるのであるといはれる。

けれども斯かる見解は悖理である。此の見解には、「超越者と內在者との間には何等の本質上の區別も存してゐない」といふ事、即ち「此の見解の要請してゐる神的直觀に於いては、空間物は實的な規整素を成して居り、それ故それ自身ひとつの體驗である、即ち神の意識の流れ乃至體驗の流れに共に屬してゐる」といふ事が含まれてゐる。ひとは「物の超越性は寫像乃至記號の超越性である」といふ考へに依つて迷はされる。寫像說は屢々激しく論難されて、その代りに記號說が置き換へられる。けれども之等の說は兩者共に、啻に正しくない許りでなく悖理である。吾吾が見る空間物は、それが如何に超越的であるにも拘らず、知覺せられたもの、即ちそれの有體性に於いて意識に於いて與へられたものである。空間物の代りに寫像乃至記號が與へられてゐるのではない。知覺作用をすりかへて記號意識乃至寫像意識としてはならないのである。

一方知覺と、他方寫像的＝象徵的乃至記號的＝象徵的な表象との間には、橋渡しの出來ぬ本質上の區別が存してゐる。此の種の表象の場合には吾々は或るものを、その或るものが他の或るものを模寫し或は記號的に指示するといふ風に意識して直觀する。吾々は直觀の野の裡に前者〔即ち模寫乃至指示する或るもの〕を有つてはゐるが、吾々はそれに向つてゐるのではなくして、基づけられたる把握といふ仲介を通して後者〔即ち模寫乃至記號せられた或るもの〕に向つてゐるのである。斯くの如き事は知覺の場合には、丁度端的回想乃至端的想像の場合と同樣に、全く言はれない。

直接的直觀作用に於いて、吾々は或る『自體』を直觀する。此の直接的直觀作用の把握の上にはより高次段階の把捉は構成されない。それ故、直觀されたものがそれに對して『記號』乃至『寫像』の働きをなし得る如きものは何も意識されてゐない。正に此の故にそれは『自體』として直接に直觀されてゐると呼ばれるのである。此の自體は知覺に於いては又、囘想乃至自由想像に於ける『眼前に浮べる』『現前化せられたる』といふ變樣された性格に對して、尙ほ特に『有體的なる』自體として性格づけられる。(一) 若し人が、之等の本質的に構成を異にする表象仕方と、隨つて又それと雙關的に、之等表象仕方に對應する所の諸所與とを、普通行はれる如くに混淆するならば、換言すればそれ故に端的現前化を象徴化——寫像的象徴化たると記號的象徴化たるとを問はず——と、まして況んや端的知覺を他兩種〔卽ち寫像的と記號的と〕の知覺と混淆するならば、人は悖理に陷るのである。物の知覺は、囘想や想像とはちがつて、非現前的なるものを現前化するのではない。物の知覺は現前せしめる、卽ち或る自體をその有體的現前に於いて把捉するのである。物の知覺は此の事をそれ固有の意味に隨つてなすのであつて、これ以外の事を物の知覺に不當に要求するのはとりも直さず恰もそれの意味に反するわけなのである。加之、今のやうに、物の知覺に關する場合には、物の知覺の本質には、それが射映する知覺であるといふ事が屬してゐる。そして又之と雙關的に、物の知覺の指向的對象、卽ち物の知覺に於いて與へられてゐるものとしての物、の意味には原理的に、如上の性質の知覺に依つてのみ、それ故に射映する知覺に依つてのみ知覺され得るといふ事が屬してゐる。

（一）　私が『論理學的諸研究』に於いて——私は未だ、當時優勢だつた心理學の見解に餘りにも支配され過ぎてゐた——この端的直觀と基づけられたる直觀との間の關係に關してなした論述は不十分であつたが、それを私はゲッティンゲン大學に於ける私の講義即ち（一九〇四年度夏學期以降）に於いて改訂增補し、且つ又私の更に進んだ研究に就き詳しく報告した――兎に角此の報告は、用語の上でも內容そのものに於いても學問上諸々の影響を及ぼしたのであつた。『年報』の最近卷で私は、講義に於いて久しく利用した此の及び他の諸研究を公けにし得たいと希つてゐる。

四四、超越的なるものの單に現象的なる存在、內在的なるものの絕對的存在

次に又物の知覺には――此の事も亦ひとつの本質必然性であるが――或る不十全性が屬してゐる。物は原理的に、唯『一面的』にのみ與へられ得る。一面的といふのは單に任意の意味に於ける不十分乃至不完全といふ事を意味するのではなく、射映を通しての示現に依つて指定されるものを意味するに外ならない。物は必然的に單なる『現出仕方』に於いて與へられる。その場合『現實的に示現されたもの』の核は必然的に非本來的なる『隨伴所與』と多少とも曖昧なる無規定性との地平に依つて把握的に圍繞されてゐる。そして此の無規定性の意味は更に又「物として知覺されたもの一般乃至そのもの」の普遍的意味に依つて、乃至は、吾々が物の知覺と呼ぶ所の此の知覺型の普遍的本質に依つて規定されてゐる。無規定性なるものは、言ふ迄もなく、嚴格に指定された樣式の規定可能性を必然的に意味するものである。無規定性なるものは、可能的なる知覺多樣を豫示してゐるが、此の知覺多樣は連續的に相互融合し、結合して知覺の統一をなすも

のであつて、此の統一に於いて連續的に持續する物は常に新しき射映系列に於いて何時も何時も新しき(或は逆に溯れば古き)『側面』を示すのである。その場合に非本來的に隨伴的に把捉された物的諸契機は漸次現實的示現に、それ故現實的所與に達して行く。卽ち無規定性は次第に細かく規定されて行き結局明晰なる所與に變ずる。逆の方向に於いては勿論、明晰なるものは復不明晰なるものへ、示現されたるものは示現されざるものへ等々と移つて行く。斯くの如く無限に不完全であるといふ事が、物と物の知覺との雙關關係の否み得ない本質に屬してゐる。物の意味は物の知覺の所與に依つて規定されるのであるならば(物の知覺の所與以外に何が物の意味を規定し得よう)物の意味は上述の如き不完全性を要求する、卽ち吾々に、可能的知覺の連續的に統一的なる聯關を必然的に指示するのである。この聯關といふのは、旣に成し遂げられた或るひとつの知覺から無限に多くの方向へ、體系的に確りと統制されてゐる仕方で展びて行くものであつて、而も各々の方向へ無限であり、絕えず意味の統一に依つて全く支配されてゐるのである。吾が經驗に於いて如何に遠く進んで行つても、又同一物に就いての顯在的知覺の如何に長き連續を經て來ても、規定せられ得べき無規定性の地平は原理的に、何時も依然として殘存する。此の事には神と雖も毫も變更を加へ得ない。それは恰も 1+2=3 といふ事、或は又何か或る他の本質眞理が存立してゐるといふ事に對して神も變更を加へ得ないと同樣である。

固より一般的に認め得る如く、超越的存在一般はその種類の如何を問はず、或る我に對する存在と解される限り、唯物と類比的の仕方で、それ故に唯現出を通してのみ所與となり得るにすぎぬのである。でなければ、超越的存在は內在的にもなり得るやうな存在に外ならぬことになるであらう。然るに內在的に知覺され得べきものは單に內在的にのみ知覺され得るに過ぎぬのである。一にして同じきものが或る場合には現出を通して、卽ち超越的知覺といふ形に於いて、他の場合には內在的知覺を通して與へられ得るといふやうな事を可能と考へるのは、唯上述の如き、而して今解明せる如き混淆を犯す場合にのみなし得られる事である。

ところで先づ吾々は特殊的に物と體驗との間の對照を、猶ほ別の側面から論述しよう。吾々は既に、體驗は示現しないといふ事を述べた。此の事の裡には、體驗知覺とは、或るものに就いての――卽ち知覺に於いて『絕對者』として與へられて（或は與へらるべく）あるのであつて、射映に依る諸々の現出仕方を有する同一者としてではない所の或るものに就いての――端的諦視であるといふ事が含まれてゐる。吾々が物の所與に就いて嚮に述べた事は一切玆ではその意味を失ふ。そして吾々は此の事柄を一々完全に明かにせねばならない。感情體驗は射映しない。私が感情體驗を眺めるに、それはひとつの絕對者である。卽ちそれは、或る場合には斯樣に他の場合には又別樣に示現し得る如き何等の側面も有つてゐない。それに就いて私は思惟に依つて、眞なる事や僞なる事を思惟する事はできる。けれども、諦視的視向を受けて其處に存して居るものは、その諸性質、その强度等々を具へて絕對的に其處に在るのである。これに反して**ヴイオリン**の音は、その客觀的同一性を保ちつつ射映を通して與へられる。卽ちそれはそれの變化交代する現出仕方を有つてゐる。その現出仕方は、私はそのヴイオリンに近づくか或はそれから遠ざかるか、又私が演奏室そのものの内にゐるか或は閉鎖されてゐる扉を通して聽くか、等々に從つて夫々異なつて來る。私の實踐的關心の埒内では、或る現出仕方は常態的な現出仕方として或る優位を有つ。卽ち例へば演奏室に於いて、『正しい』場所に於いては私は音が『實際に』響く通りに音『そのもの』を聽くといふ。とはいへ併し、如何なる現出仕方と雖も、絕對能與の現出仕方と言はれ得る事を要求する權利はないのである。音に就いてと同樣に又吾々は、視覺的關係に於ける物的なるもの各々に就いて、そのものは常態的外觀を有つてゐるといふ事を言ふ。卽ち吾々は色や形に就いて、卽ち全體の物に就いて、それを吾々が常態的な陽光に於いて且つ又吾々に對する常態的な方位に於いて視る場合にはその物は實際の通りに見える、その色は實際の色である等々といふ事を言ふのである。けれども此の事は、人の容易に信じ得られる如く、物の客觀化全體の埒内に於ける一種の第二次的客觀化を指示するに過ぎない。若し吾々が專ら『常態的』な現出仕方にのみ固執して、その他の多樣なる現出及びそれに對する本質的關係を切除してしまふならば、物體所與の意味は最早少しも殘存しなくなるであらう事は言ふ迄もなく明かである。

斯くて吾々は次のことを確認する。現出を通しての所與はその本質上、その所與は何れも一面的示現に於いてでなく『絕對者』として事象を與へるといふものではないといふ性質を有つてゐる。それに反して內在的所與はその本質上、種々なる側面に於いて示現し射映するを得ない所の絶對者をこそ與へるといふ性質を有つてゐる。更に又、物體知覺の體驗に實的に屬する所の射映する感覺內容そのものは、成程他の體驗に對しては射映の働きをなすが、併しそれ自身が復射映を通して與へられるのではない、といふ事も亦勿論明證的である。

猶ほ又吾々は次の區別を注意せねばならぬ。體驗と雖も完全には知覺されない、而も決してされない。卽ち體驗はそれの全統一に於いて十全的には把捉され得ない。體驗はその本質上ひとつの流れである。卽ち體驗の道程の中過去に屬する部分は知覺に對し既に失はれてゐるにも拘らず、吾々はその流れに反省的視向を向けながら、今といふ點から出發して泳ぎつつ追ひ得る所の流れである。吾々が直前に流れ去つたものの意識を有つのは、唯過去指向の形に於いてのみ、卽ち囘顧的再囘想の形に於いてのみである。斯くて結局私の體驗の流れの全體は體驗の統一である。が此の體驗統一に就いては、十分に『それと共に泳ぐ』知覺的把捉は原理的に不可能である。ではあるが併し、體驗知覺の本質に屬する所の此の不十分性乃至『不完全性』は、『超越的』知覺――卽ち射映的示現を通しての、卽ち現出の如きものを通しての知覺の――本質の裡に存するそれとは原理的に別個のものである。

吾々が知覺の領界に於いて見出す所のあらゆる與へられ方と、それ等の間の區別とは、再生的變樣へも――但し變樣せられた仕方で――入つて行く。物的現前化は示現に依つて現前化するのであるが、此の場合射映そのもの、把握、斯くて全現象は徹頭徹尾再生的に變樣されてゐるのである。體驗に就いても亦吾々は、現前化及び現前化に依る反省といふ仕方で、再生と再生的直觀の作用とを有つのである。勿論吾々は此の場合には、再生的射映は毫も見出さない。

扨吾々はこれと聯關して猶ほ次の如き對照に就いて述べよう。現前化の本質には、相對的なる明晰性乃至不明性といふ程度的區別が屬してゐる。明かに此の完全性の區別も亦、射映する現出を通しての所與に關する區別とは全く無關係である。表象は、明晰さに多少の差はあるが、程度的明晰性を通して射映するといふ事はない。といふのは卽ち、吾々の用語法に對して規定的なる意味に於いてさうなのである。その意味に隨へば、空間上の形、それを覆ふ各々の性質、隨つてまた『現出してゐる物そのもの』の全體は――表象が明晰なる表象であるか不明なるそれであるかには拘らず――多樣に射映するといふのである。再生的なる物體表象はそれの種々異なる可能的な明晰度を、而も各々の射映仕方に對して、有つてゐる。何人もわかる通り、今問題となつてゐるのは、相異なる次元に存する所の區別に就いてである。更に次の事も亦明かである。卽ち、吾々が明晰及び不明晰なる視、判明及び不判明なる視といふ名稱の下に、知覺の領界そのものの中でなす所の區別は、今述べた明晰性の區別に對し、兩者共表象されるものの所與の充實性の程度的增加及び減少に關しての區別である限り、或る類比を示してゐる事は事實であるが、併しこの區別も亦相異なる次元に屬するものなのである。

四五、知覺せられざる體驗、知覺せられざる實在

前節に述べた諸事情に沈潛するならば、體驗と物とは兩者の知覺可能性の點から見て相互に如何なる關係に立つかといふその仕方の、以下の如き本質上の區別をも亦人は了解するのである。

體驗の存在仕方には「諦視的知覺の視向は、如何なる現實的體驗にも、即ち原的現前として生き生きとしてゐる如何なる體驗に對しても、全く直接に向けられ得る」といふ事が屬してゐる。これは『反省』といふ形で行はれる。此の反省なるものは次の如き著しき獨自性を有つてゐる。即ち反省に依つて知覺的に把捉されたものは、「單に現在存在して居り且つ知覺的視向の範圍內で持續してゐるのみでなく、此の視向がそれに向けられる以前に既に存在してゐた所の或るもの」として原理的に性格づけられるといふ獨自性である。『體驗はすべて意識されてゐる』といふ事は、それ故、特に指向的體驗に就いては次の事を意味する。即ち指向的體驗は單に或るものに就いての意識である許りでなく、又、それがそれ自身或る反省的意識の客觀である場合に單に或るものに就いての意識として手前に在る許りでなく、反省せられずして既に『背景』として其處に在り、隨つて又吾々の外部的なる視野に在る注意せられざる物と何よりも先づ類比的な意味に於いて、原理的に知覺さるべく氣構へてゐるものなのである。物が知覺さるべく氣構へて居り得られるのは唯、それが注意せられざる物として既に何等かの仕方で意識されてゐる限りに於い

て——といふことは物に於いては「物が現出してゐる場合に於いて」といふ意味——だけである。ところが物はすべてが物の制約を滿足させるといふわけにはいかない。卽ち現出するものの全部を掩ふ所の私の注意といふ視野は無限ではないのである。他方反省せられざる體驗も亦、物とは全然別な、且つ自身の本質に應ずる所の仕方に依つてではあるが、知覺されるべき氣構への或る制約を必ず充たさなければならない。勿論それは『現出する事』はできない。がそれは兎に角として、反省せられざる體驗は常に上の制約を充たすのであつて、それは體驗の定在の單なる仕方に依つてであり、しかも體驗が屬する當の我——時には此の我の純粹なる自我視向が體驗の『裡に』働いてゐる——に對してである。反省と體驗とは、玆には單に指示したに過ぎない所の之等の本質上の固有性を有つてゐるのであるが、專ら此の故に因つてのみ吾々は反省せられざる體驗に就いて、それ故に亦反省そのものに就いても、或る事を知り得られるのである。體驗の再生的(且つ過去指向的)變樣は上述の性狀と並行的なる——但し相應に變樣せられたる—— 性狀を有つてゐるといふ事は自明的である。

吾々は此の對照を一層詳しく論述しよう。吾々の知る所に依れば、體驗の存在仕方は、反省といふ仕方で原理的に知覺され得るといふ事である。物も亦原理的に知覺され得るものであつて、私の周圍世界の物として知覺に依つて把捉されるのである。が物は知覺されてゐない時も猶ほ此の世界に屬してゐる。それ故にそれは知覺されてゐない場合と雖も猶ほ我に對して其處に在るのである。ではあるが併し一般的に言つて、端的注意の視向がその場合の物に向けられ得るといふのではない。端的觀察の可能なる野といふ意味での背景の野は、實際單に私の周圍世界の一小部分を占めるに過ぎないのである。『それは其處に在る』といふ事は、寧ろ次の樣な意味なのである。即ち「何時も新しき物の諸々の野を（注意されてゐない背景として）伴へる所の、可能的にして而も連續的＝調和的に動機づけられてゐる知覺系列は、現實に現出してゐる所の背景の野を伴へる顯在的知覺から更に進んで、正に當該の物がそれに於いて現はれ且つ把捉されるに至るであらう所のその諸々の知覺聯關に迄到るものである」といふ意味である。若し吾々が個々の我の代りに複數の我に就いて考へても、此の點は原理的に其の本質が少しも變らない。私の經驗世界は、可能的なる相互の意思疏通といふ關係に依つてのみ他人の經驗世界と同一のものとされ得るのであり、同時に又他人の經驗の橫溢に依つて豐富にされ得るものである。超越性といふもの、――即ち超越といふ故私の時々の顯在的知覺領界との、調和的な動機づけの聯關に依る上述の如き結合を有たぬもの――は、全く根據なき假定であらう。斯くの如き結合を原理的に缺如する超越性はひとつのノンセンスである。それ故、物の世界といふ顯在的には知覺されてゐないものが手前に在るといふことは右のノンセンスの一種である。即ち物の世界は、體驗といふ原理的に意識されてゐる存在に較べては本質的に異なる世界なのである。

四六、內在的知覺の疑なき事、超越的知覺の疑はしき事

上來述べた所から重要な歸結が生ずる。內在的知覺の各々はそれの對象の現在を必然的に保證する。反省的把捉が私の體驗に向ふ場合には、私はひとつの絕對的な自體——それの定在は原理的に否定し得ない、換言すれば、それが存在しないといふ洞觀は原理的に不可能である——を把捉してゐるのである。言ひ換へれば、斯くして與へられてゐる體驗は實は存在してゐないといふ事が可能であると考へるやうな事は悖理なのである。私の、卽ち「思惟するもの」の、體驗流である所の體驗流が、假令如何に廣い範圍に亙つて把握されてゐないにしても、卽ち過去及び未來の流域に亙つて知られてゐないにしても、私が流れつつある生命をその現實的現在に於いて眺め且つ同時に私自身を此の生命の純粹主觀として把捉する（此の事はどういふ意味であるか、私は後に至つて特に論述しよう）や直ちに私は、率直に且つ必然的に「私は在る」、「此の生命は在る」、「私は生きてゐる」、卽ち「コギト」と言ふのである。

體驗の流れの各々及び我そのものの各々には、右の明證性を得る事ができるといふ原理的可能性が屬してゐる。卽ち體驗流の各々は已れの絕對的定在の保證を原理的可能性として已れ自らの裡に有つてゐるのである。人或は問ふかも知れない、「けれども、我がそれの體驗の流れに於いて有つのは唯想像のみである、卽ちその體驗の流れは唯單に假構的直觀からのみ成る、といふやう

な事も考へ得られるのではないか」と。だからして――と人は言ふかも知れない――此のやうな我は諸々のコギタティオの假構のみを見出す、卽ちその我の反省は、此の體驗媒體の性質の故に、專ら想像に於ける反省だけである、と。併し乍らこれは明かに悖理である。眼前に浮んでゐるものは單なる假構であるかも知れない。けれども眼前に浮んでゐるといふ事その事、卽ち假構する意識はそれ自身假構されたものではない。そしてそれの本質には、各々の體驗にと同樣に、知覺し且つ絕對的定在を把捉する反省の可能なる事が屬してゐる。私が感情移入的經驗に於いて指定する所の他人の意識はすべて存在しないといふ事の可能性には、何等の悖理も存してはゐない。けれども、私の感情移入作用及び私の意識一般は、單に本質の上から許りでなく現存の上から言つても、原的に且つ絕對的に與へられてゐるのである。自己自身への關係に於ける我及び體驗の流れにとつてのみ此の特別の事情は成立する。卽ちその場合にのみ內在的知覺といふ樣なものがあるのであり、又必ずあらねばならぬのである。

それに反して、吾々の知る如く、物の世界の本質には、その世界の範圍內では假令如何に完全な知覺でも絕對者を與へるものでないといふ事が屬してゐる。そして又これと本質的に聯關してゐる事であるが、如何に廣汎な經驗でもすべて、「與へられたるものは、それが有體的に自體現在してゐるといふ事が絕えず意識されてゐるにも拘らず、現在してゐるのでない」といふ事の可能性を許すものであるといふ事が屬してゐる。本質法則として次の事が妥當する。卽ち、「物的現存は決して所與性に依つて必然的として要求せられたる現存ではなく、何等かの意味で常に偶然的なる存在である」と。此の法則の意味は、經驗が次第に經過して行くとその爲めに經驗的權利を以て措定されたものを放棄すべく餘儀なくされるといふ事が常にあり得る、といふ謂である。即ち後になると、あれは單なる錯覺、幻覺、單なる連絡ある夢等々であつたと言はれるのである。のみならず又、此の所與の圈内では、何時でも自由に可能なる事柄として、或る現出を、それと調和的に合一され得ない他の現出に把握し變へる、即ち變化させるといふやうな事がある、と同時に又、先の經驗措定に對する後の經驗措定の影響――それに依つて此の先の經驗措定の指向的對象は後になつて言はば改造を受ける――があるのであるが、此の事實は體驗の領界では本質上皆無の出來事なのである。絶對的なる領界の中には何等の衝突、假象、「他のものである事」、等の存する餘地はない。それは絶對的措定の領界なのである。

そこで、次の事は如何なる意味に於いても明かである。即ち物の世界に於いて私に對して其處に在るものはすべて、原理的に單に推定的な現實である。それに反して、此の推定的な現實が對して在る所のその我そのもの（『私の中で』物の世界へ算入されるものは除いて）、乃至私の體驗の顯在性は、絶對的なる現實である、即ち制約なき、又全く廢棄し得ぬ措定に依つて與へられてゐるのである。

それ故、ひとつの『偶然的』措定なる此の世界の措定に對して、ひとつの『必然的』なる即ち全く疑なき措定なる私の純粹なる我及び我の生命の措定が對立するのである。すべての有體的に與へられたる物的なるものは存在しないといふ事もあり得る。けれども、有體的に與へられたる體驗は、存在しない事もあるといふ事は不可能である。此の事は、後者の必然性と前者の偶然性とを定義する所の本質法則である。

けれども、さうかと言つて、各時の顯在的體驗の存在必然性が純粹なる本質必然性の、即ち或る本質法則の純粹に形相的なる特殊化であるといふのでない事は明かである。即ちそれは事實の必然性なのである。これが必然性と呼ばれるのは、或る本質法則がその事實に、即ち此處ではその事實の定在そのものに關與してゐるからである。明かに廢棄し得ぬ定在措定といふ本質性格を有つ所の反省がイデー的に可能であるといふ事は、純粹我一般及び體驗一般の本質に基づいてゐる。(二)

以上成し終へた考察に依つて又次の事が明かになる。卽ち、世界に對する經驗的考察から引き出された證明で、吾々に世界存在の絕對的に確實なる事を保證するといふ樣なものは全く考へられ得ないといふ事である。世界なるものが疑はれ得るのは、調和的經驗の莫大なる力が無いと考へしめる如き理性動機があるといふ樣な意味に於いてではなく、或る懷疑が考へ得られるといふ意味に於いてである。そしてそれが考へ得られるといふのは非存在の可能性が原理的可能性として決して許されぬものでないからである。如何に大なる經驗力と雖も、漸次之に匹敵し又凌駕する事ができる。が、此の事に依つて、體驗の絕對的存在といふ事は少しの變化をも受けない。否體驗は右のすべてに對し前提として常に存續してゐるのである。

吾々の觀察は以上を以てひとつの頂點に到達した。吾々は吾々の必要とする認識を獲得したのである。吾々に明かとなつた本質聯關の裡には、吾々が意識の領分卽ち體驗の存在領界から自然的世界の全體を引き離し得るといふ結論を導かうと欲する所の推論に對して最も重要なる前提が、既に決定されて在るのである。此の推論に於いて吾々は、デカルトの（目的は全く異なるが）省察の――唯純粹なる完成には到達しなかつただけの――核心が、今や遂にその權利を得るに至つたといふ事を確信し得るのである。勿論、吾々の最後の目的を達するには後に至つて尚ほ若干の、又容易に提出できる補足を必要とするに至るであらう。今のところ吾々は吾々の歸結を、局部的妥當の埒内で引き出しておかう。

（一）それ故此處に問題とされてゐるのは、本書五〇―五一頁、第六節の第二段の終りに於いて言及した經驗的必然性の全く著しい場合である。此の問題に就いては尚ほ、『論、研、』新版、第二卷、第三研究をも參照。

第三章　純粹意識の領域

四七、意識の雙關者としての自然的世界

前章の結果に結びつけて、吾々は次の如き考察を行はう。吾々の人間的經驗の事實的進行は、吾々の理性を強制して、直觀的に與へられたる物（デカルトのイマギナティオの物）以上に出でてそれ等の物の根柢に或る『物理學的眞理』を置かしめる如き進行である。併しそれは又別樣の進行でもあり得るであらう。卽ちそれは「人智の發達は決して學問以前の段階以上に出でた事もなく、又將來も出でないであらう。卽ち、成程物理學的世界には又それで眞理が有るでもあらうが、併し吾々はその眞理に就いて何事も知らないのである」といふ如き進行でもあり得るし、又更に「物理學的世界は實際現に妥當してゐるとは別の世界であつて、別の法則秩序を具へてゐるであらう」といふ如き進行でもあり得る。がそれのみならず又反對に「吾々の直觀的世界は最後のものである、卽ちそれの『背後』に物理學的世界の如きは全然存しない、換言すれば、知覺物は數學的、物理學的なる規定を缺くものである、卽ち經驗の所與は吾々の物理學の如き種類の物理學の如何なるものをも排するものである」とも考へ得られる。若しさうであるとするならば、正にそれに應じて、經驗の聯關も亦、物理學上の概念及び判斷の構成に基礎となる所の經驗の動機づけがなくなるであらう限り、事實現にある經驗聯關とは別の、而して類型的に別のそれである事になるであらう。けれども大體に於いて、吾々が『端的經驗』といふ名稱の下に包括する能與的直觀（卽ち知覺、再回想等々）の埒內では『物』は、現出の多樣の中に在つて指向的統一として連續的に繼續しつつ、今あると同樣に吾々に現はれて來得られるであらう。

扨吾々は此の方向にならば、勿論更に先へ進んで行く事ができる。物的客觀性——經驗意識の雙關者としてのそれ——を、頭の中で破壞して行く事には、吾々を阻止する何等の制限もないのである。併し此の場合常に次の事を注意せねばならない。といふのは、吾々がそれに就いてのみ供述をなし得る所の、即ちそれの存在或は非存在、「斯くある」或は「他である」に關してのみ論議し且つ理性的に決定し得る所の物、其の物が何であるかはそれが經驗の物たるに由るのであるといふ事である。物に對してそれの意味を指定するのは唯經驗のみである。而もそれは、玆には事實的な物が問題となつて居るのであるから、一定に秩序づけられたる經驗聯關に於ける顯在的經驗である。けれども吾々は、經驗の體驗種類、特に物體知覺といふ基礎體驗に、形相的觀察を加へる事、即ち右の體驗種類からそれの諸々の本質必然性及び本質可能性を看取し（これは明かに吾々のできる事である）、隨つて又動機づけられたる經驗聯關の本質可能的なる轉化をも形相的に辿る事ができるのである。さうする場合には、『現實的世界』と名づけられる所の吾々の事實的經驗の雙關者は、多樣なる可能的諸世界及び諸非世界——即ちそれ等は又それ等で、多少とも秩序ある經驗聯關を伴へる『經驗する意識』といふイデーの本質可能的轉化の雙關者に外ならぬもの——の特殊の場合となつて來る。それ故人は、意識に對する物の超越性、或は物の『自體存在』といふ言葉に依つて欺かれてはならない。物なるものの超越性の眞の概念——これは超越性に關するあらゆる理性的供述の基準である——は、知覺の、即ち吾々が明示的經驗と呼ぶ一定性質の聯關の固有的本質内實から以外には、どうしても何處からも得て來る事ができぬものなのである。それ故、此の超越性といふイデーは、此の明示的經驗といふ純粹イデーの形相的雙關者である。

此の事は、現實性或は可能性として論ぜられ得べき超越性の、考へ得るあらゆる種類に就いて當嵌まる。自體に存在する對象は意識及び意識我がそれに沒交渉なる如き對象であるのでは決してない。物とは周圍世界の物である。卽ち、視られてゐない物も、又實在可能なる物、卽ち經驗されてはゐないが經驗され得る、或は恐らく經驗され得るであらう物も、さうなのである。可經驗性といふ事は決して空虛なる論理的可能性を意味するのではなくして、經驗聯關に於いて動機づけられたる可能性を意味するのである。此の經驗聯關そのものは徹頭徹尾『動機づけ』〔一〕の聯關である。卽ち常に、新しき動機づけを取り入れ且つ既に作り上げられたそれを改造して行くのである。動機づけは、それの把握の内實乃至規定の内實に隨つて夫々異なつてゐる。卽ち既に『知られたる』物に關するか或は『全く未知なる』、猶ほ『未發見なる』物に關するかに隨つて、乃至は又視られたる物の場合ではその物に就いて知られたる點に關するか或は猶ほ未だ知られざる點に關するかに隨つて、夫々より多く或はより少く豐富であり、内容上より多く或はより少く明劃的乃至曖昧である。ここに專ら肝要なのは、可能なるあらゆる方面から純粹形相的に研究される右の如き聯關の本質形態のみである。本質なるものの内には次の事が含まれてゐる。卽ち、實在的には存在してゐるが併し猶ほ未だ顯在的に經驗されてはゐないといふものは如何なるものでも、與へられるに至り得るといふ事、また、此の事は隨つて、「そのものは私の折々の經驗顯在性の、現に規定されてはゐないが併し規定可能なる地平に屬してゐる」といふ事を意味するといふ事が含まれてゐる。ところが此の地平は、物の經驗そのものに本質上附隨する不規定性成分の雙關者である。そして此の成分は充實化の可能性を——常に本質上——自由に許すものである。併し此の可能性は決して隨意的可能性ではなくして、それの本質類型に隨つて範示されたる、即ち動機づけられたるそれである。すべての顯在的經驗は、自己を超えて可能的經驗を指示し、此の可能的經驗そのものも復新しき可能的經驗を指示し、斯くして無限に進む。而して以上の事はすべて、本質上規定されたる、即ち先天的類型に結びつけられてゐる仕方及び規則形式に隨つてなされるのである。

實際生活及び經驗科學の假言的推定は、悉く此の可變的なる、併し常に隨伴的に措定されてゐる地平——此の地平に依つて世界の措定はその本質的意味を保有する——に關係してゐるのである。

（一）次の事を注意せねばならぬ。即ち、動機づけといふ此の現象學上の基礎概念、即ち『論理學的諸研究』に於いて純粋に現象學的なる領域の抽出を行ふと同時に直ちに生じた概念（而して超越的なる實在領域に關係せる因果性といふ概念の對照者として生ぜるそれ）は、吾々が例へば目的の意欲に就いて「それは手段の意欲を動機づける」と言ひ得る所以のその動機といふ概念の普遍化なのであるといふ事である。倘ほ動機づけといふ概念は、諸々の本質的根據から種々に轉用される。併しそれが爲めの曖昧さは、現象學的事情が闡明されれば直ちに危險なきものとなり、加之餘儀なきものと見えさへする。

四八、吾々の世界外の世界の論理的可能と事象的悖理

此の世界外に實在者を假定的に想定する事は、勿論『論理的』には可能である。卽ち此の想定には形式的矛盾は明かに含まれてゐないのである。けれども若し吾々が、此の想定が妥當する事の本質制約を、卽ち此の想定の意味に依つて要求されてゐる明示仕方を、問題とするならば、卽ち或る超越者の措定に依つて——吾々が如何にその超越者の本質を合法的に普遍化しようとも——原理的に規定されてゐる所の明示仕方一般を問題とするならば、吾々は次の事を識るのである。卽ちその超越者は必然的に可經驗的でなければならず、而も、單に空虛なる論理的可能性に依つて案出されたる我にとつてのみでなく、どれか或る顯在的なる我にとつて、その我の經驗聯關の明示し得る統一として、必然的に可經驗的でなければならぬ、といふ事である。併し人は次の事を洞觀できる。（但し茲では吾々は勿論未だ仔細に基礎づけ得る迄には十分論歩を進めて居らず、さうするには後に述べる分析が初めてすべての前提を供するであらう）。卽ち、ひとつの我にとつて可認識的なるものは原理的に各々の我にとつても可認識的でなければならぬ、といふ事である。各々の我は各々の我と『感情移入』乃至相互了解といふ關係に事實上立つて居り又立ち得る

といふのではないが――例へば吾々と極めて遠い星の世界に恐らく住んでゐるであらう所の靈あるもの達との場合――、併し原理的に觀れば、ある相互了解を招致する事の本質可能性、それ故に又、事實上は離れてゐる經驗諸世界が顯在的經驗の聯關に依つて結合して唯一の共同主觀的世界――卽ち統一的なる「靈あるものの世界」(人間社會の宇宙的擴大)の雙關者――となる事の可能性も存立するのである。若し此の事を考慮するならば、此の世界、卽ち吾々の顯在的經驗に依つて確定されてゐる一つの時空間的世界、の外の實在は形式理論的には可能であるが、併し事象的には悖理である。といふ事がわかつて來る。若し苟くも諸々の世界、諸々の實在的なる物が在るならば、それ等を規整する諸々の「經驗の動機づけ」は、上にその一般的性格を示した仕方で、私の經驗及び各々我の經驗の中へ入り得なければならない。如何なる人間的經驗に於いても一定して明示されない諸々の物や物の世界も、言ふ迄もなく在るのではある、けれども此の在るといふ事は、此の「人間的」經驗の事實的限界內に單に事實的なる基礎を有つてゐる事なのである。

四九、世界擬無後の剩餘としての絕對意識

上述の事は他方又、一般に或る世界卽ち何等かの物が在らねばならぬといふ意味ではない。或る世界の現存とは或る本質形態を特質とする或る經驗多樣の雙關者の事である。けれども、顯在的經驗は斯くの如き聯關形式に於いてのみ經過し得るといふ事は理解できない。吾々はかかる事

を純粋に知覺一般の本質やそれに關與せる他種の經驗的直覺のみから認定する事はできないのである。それに反して次の事は全く容易に考へ得られる。卽ち、經驗が衝突の爲めに假象に歸するのは單に個々の場合のみではないといふ事、且つ又事實然る如く、一切の假象が必ずしもより深き眞理を示すわけでもなく、一切の衝突が夫々の位置に在つてとりもなほさず全調和性保有の爲めに更に廣い範圍の聯關上必要なものであるわけでもないといふ事である。更に言ひ換へれば次の事が考へ得られる。卽ち、經驗は互に協調不可能なる、而して單に吾々から見てのみならずそれ自身として互に協調不可能なる衝突に充ち滿ちてゐるといふ事、經驗は、それの事物措定を調和的に終りまで保持するといふ期待に對し突如反抗を示して來るといふ事、經驗の聯關は射映、把握、現出等といふ固い諸規制を失ふといふ事——卽ち最早何等世界といふものがないといふ事——が考へ得られるのである。ではあるが又次の樣な事もあり得るかも知れない。卽ち、以上にも拘らず若干の範圍に於いては粗雜なる統一形成が規整されて、物の直觀に對する單なる類比にすぎぬ——といふのは保持的『諸實在』卽ち『知覺されると否とを問はず夫れ自體に存在する』持續的諸統一を規整する事が全く不可能であるから——如き直觀に對しての當座の支點となる、といふ事である。

扨、吾々が前章の末尾に於いて獲得した結論を玆へ附け加へるならば、卽ち、各々の「物の超越性」の本質の裡に存する非存在の可能といふ事を想ふならば、次の事が明かになる。卽ち、意識の存在、各々の「體驗の流れ」一般は、成程物の世界の撥無に依つて必然的に變樣されはするが併しそれ自身の現存性の點では影響がない、といふ事である。斯く變樣されるといふことは慥かである。その理由は、世界の撥無といふ事は雙關的に、「各々の體驗の流れ〔卽ち或る我の體驗の、完充に、それ故〔過去未來〕兩方向へ無限に解せられた全體の流れ〕に於いて、或る秩序ある經驗聯關、隨つて又理論化的理性の右經驗聯關に倣ふ聯關が除却されてゐる」といふ事を意味するに外ならぬからである。併しこの事には、「他の體驗及び體驗聯關が除却されてゐる」といふ意味は含まれてゐない。それ故、實在的存在——卽ち現出を通して意識に依つて示現し明現する存在——は體驗の流れといふ最廣義に於ける意識そのものの存在にとつて必要ではないのである。

內在的存在はそれ故、原理的に現存の爲めに何等の『物』をも必要とせぬ (nulla »re« indiget ad existendum) といふ意味に於いて疑ひもなく絕對的存在である。

他方に於いて超越的『物』(»res«) の世界は全く唯意識に、而も論理的に案出されたそれにではなくして顯在的なるそれに依屬してゐるのである。

此の事は前諸節に於ける諸論述から極めて一般的には既に明かになつてゐる。ひとつの超越者が或る經驗諸聯關を通して與へられてゐる。此の超越者は、調和的なることを自證する知覺連續に於いて、卽ち經驗を基礎とする思惟の或る方法的形式に於いて、直接に且つ漸次完全に與へられて、益々進歩して行く明瞭なる理論的規定を多少とも間接的に得て行くのである。吾々は次の事を想定しよう。即ち、意識はそれの體驗內實及び經過に關しては實際それ自身、「意識主觀は經驗及び經驗的思惟の自由なる理論的態度に於いて、上述の如き聯關のすべてを完成し得るであらう（玆には吾々は諸々の他の我及び體驗の流れとの相互的意思疏通といふ援助をも併せて考へに入れねばならぬであらう）」といふ性質のものであるといふ事である、更に進んで吾々は又次の事を想定しよう。即ち、所屬の意識諸規制は實際存立してゐるであらうといふ事、即ち意識經過の側には、或る統一的世界の現出及びその世界に對する理性的なる理論的認識に何等か必要なものは決して何ものも缺けてゐないといふ事である。ところで吾々は問はう、これ等の事すべてを豫想した上で、對應する超越的世界が存在しないといふ事は猶ほ思惟し得るであらうか、然らずしてそれは寧ろ悖理なのではなからうか、と。

かくて吾々は次の事を覺る。即ち、意識（體驗）と實在的存在とは決して同位の存在種類——平和に相隣して住まひ、時々相互に『關係』し、或は互に他と『結びつく』如きそれ——ではないといふ事である。眞の意味に於いて互に結びつき、全體を成し得るのは唯、本質上親近なるもの、兩者共に同じ意味の固有本質を有てるものに限る。內在的乃至絕對的存在と超越的存在とは成程兩者共に『存在的』、『對象』等と呼ばれはする。且つ又成程兩者共に已れの對象的規定內實を有つてはゐる。けれども、兩者に於いて對象とか對象的規定とか呼ばれるものは唯單に空虛なる論理的範疇上同樣な名稱を與へられてゐるにすぎぬといふ事は明白なのである。意識と實在との間にはその意味上眞の深淵が口を開いてゐる。後者は、射映する、決して絶對的には與へられざる、單に偶然的にして相對的なる存在であり、前者は、必然的にして絶對的なる存在、即ち原理上射映や現出を通して與へられざる存在なのである。

かくして次の事が明かになる。即ち、人間としての我及びそれの意識體驗が世界の内に實在的に存在するといふ事に就いての、また我及び意識體驗に『心的＝物的』聯關から見て何等かの仕方で屬するすべてのものに就いての言說は、それ自身の意味に於いては如何に十分に基礎確實なるものであるにしても、——而もそれにも拘らず意識は、『純粹性』に於いて眺められるならば、それ自身に完結せる存在聯關と見做されねばならない。即ち何ものもそれに侵入しそれから逸脫するを得ない絶對的存在の聯關と見做されねばならない。此の聯關は何等時空間的なる外界を有たず又何等右外界内の時空間的聯關に於いて在る事のできぬものである。即ち如何なる物からも因果性を受けず且つ如何なる物にも因果性を及ぼし得ぬものである、——但し茲に因果性とは、普通の意味のそれ、即ち諸實在間の依屬關係としての自然的因果性を指す事を前提とする。

他方に於いて、人間や人間としての我が、下屬する個々の實在として算入される所の時空間的世界の全體は、その意味上單なる指向的存在である。それ故意識に對しての存在といふ單なる第二次的、相對的なる意味を有つ存在である。それは意識が已れの經驗に於いて指定する存在、即ち原理的に唯、「調和的に」*動機づけられたる現出多樣中の同一者としてのみ直觀し得られ規定し得らるべき存在である――併しそれ以上に出ればそれは無なのである。

* 「調和的」(einstimmig) といふ言葉は一九二二年版にだけ附加されてゐて、一九一三年の初版にも一九二八年版にも見えてゐない。(譯者註)

五〇、現象學的觀方と現象學の分野としての純粹意識

上述の如くにして、存在といふ言葉の普通の意味は逆になつて來る。吾々にとつて第一のものたる存在はそれ自身には第二のものである。換言すれば、存在が存在であるのは唯第一のものへの『關係』に於いてのみなのである。かう言つても併し、盲目的規法に依つて、物の秩序と結合 (ordo et connexio rerum) が觀念の秩序と結合 (ordo et connexio idearum) に從はねばならぬ、といふ事にされたといふ樣なわけではない。實在、卽ち單獨に見られた物の實在並びに又全世界の實在は、本質上 (吾々の嚴密な意味に於いて) 自立性を缺くものである。それは、それ自身に於いて) 或る絕對的なものであつて他のものへは第二次的に結びつくといふのではなくして、絕對的な意味に於いては全く無なのである。卽ちそれは全く何等の『絕對的本質』をも有つてゐない。換言すればそれの有つてゐるのは、原理的に單に指向的なるにすぎぬもの、單に意識されたにすぎぬもの、意識に依つて表象されるもの、現出するもの、等である所の或るものの本質性

なのである。

扨吾々は、再び第一章即ち現象學的還元に就いての考察に立ち戻つて考へてみよう。今や次の事が明かである。即ち、世界を雙關者とする自然的なる理論的觀方に對して實際ひとつの新しい觀方、即ち此の心的＝物的なる全自然を排去しても猶ほ且つ或るもの――絶對的意識の全分野――を殘存保持する所の觀方、が可能であるに違ひないといふ事である。それ故吾々は、經驗の裡に素樸的に活き、且つ經驗されたもの即ち超越的自然を理論的に研究するといふことをせずに、『現象學的還元』を行ふのである。言ひ換へれば、自然を規整する意識に屬する諸作用（超越的措定を有つ）を素樸的な仕方で遂行し、且つその作用に含まれてゐる動機づけに誘はれて常に新しき超越的措定を行ふといふ事をせずに――吾々はこれ等すべての措定を『作用の外に』置く、即ち吾々はそれ等すべてと關らないのである。換言すれば吾々は吾々の把握し且つ理論的に研究する視向を絶對的なる獨自存在に於ける純粹意識の方へ向けるのである。それ故その純粹意識こそ、求められたる『現象學的剩餘』として殘存する所のもの、吾々がすべての物、生物、人間（吾々自身をも込めて）を含む全世界を『排去』してしまつても猶ほ且つ殘存する所のものなのである。吾々は實は何ものをも失つたのではなくして、絶對的存在の全體を獲得したのである。此の絶對的存在は、正しく解すれば、すべての世界的超越を己れの裡に藏し、それを己れの裡に於いて『規整する』ものである。

上の事を吾々は仔細に明かにしよう。自然的觀方に於いては吾々は、それに依つて世界が吾々に對して其處に在る所のそのすべての作用を、無造作に遂行する。吾々は素樸的に知覺や經驗の裡に活きる。即ちこれ等の措定的作用――それに於いて吾々に諸單一物が現出して居り、而も單に現出するのみならず『手前に』、『現實的に』といふ性格に於いて與へられてゐる――の裡に活きてゐる。自然科學を研究する時吾々は、經驗論理的に秩序づけられたる思惟作用を遂行する。此の思惟作用に依つてこれ等の與へられたる儘に受け取られたる現實が思惟的に規定され、又それに依つて斯くの如き直接に經驗され、且つ規定された超越を基礎として新しい超越へ推論される。現象學的觀方に於いては吾々は、コギタティオに於ける斯くの如きすべての措定の遂行を原理的に普遍的に制止する。換言すれば遂行された措定を『吾々は括弧に入れる』。新しき研究の爲めに『吾々はこれ等の措定に關らない』。即ちそれ等の措定の裡に活き、それ等の措定を遂行する事をせずして、吾々はそれ等に向けられたる反省といふ作用を遂行し、そして吾々はそれ等そのものをそれ等が然かある所の絕對的存在として把捉するのである。今や吾々は徹頭徹尾斯かる第二段の作用の裡に活きるのである。此の作用に對する所與は絕對的體驗の無限の野――現象學の基礎分野――である。

五一、先驗的豫備考察の意義

反省は勿論何人も遂行し且つ意識内に於いて己れの把捉的視向に齎す事ができる。けれども、それでは未だ現象學的反省が遂行されたのでもなく、その把捉された意識が純粋意識であるのでもない。それ故、自然の成素でない純粋意識一般の野といふ樣なものがある、否あり得るといふ事、及びそれは自然の成素等ではなくして、自然は唯純粋意識に於いて内在的聯關に依つて動機づけられたる指向的統一としてのみ可能であるといふ事——此の認識に達するには、吾々が上來成しとげた樣な根本的考察を必要とする。更に又、右の如き統一は、此の統一を『規整する』意識、——隨つてあらゆるすべての絶對的意識一般——が研究せらるべき場合の觀方とは、全然別な觀方に於いて與へられて居り且つ理論的に研究さるべきであるといふ事を認識するにも、此の根本的考察が必要である。最後に吾々が自然科學的に基づけられたる世界觀といふ美名の下に徒らに困憊しつつある哲學の窮狀に當面して、「意識の先驗的研究は——それの先驗的觀方に於いて自然は原理的に括弧に入れられてゐる故——自然研究を意味する事も或はそれを前提として豫想する事もできぬ」といふ事實を明かにするにも右の根本的考察が必要である。卽ち、吾々が現象學的還元といふ形に於いて全世界を度外視する事は、包括的なる聯關——必然的たると事實的たるとを問はず——の成素の單なる捨象とは全然別ものであるといふ事を認識する爲めには、右の根本的考察が必要なのである。若し意識體驗が、恰も色が延長なくしては考へ得られぬと同じ樣に、自然と組合はせなければ考へ得られぬものとするならば、吾々は意識を、吾々の考へねばならぬ如き意味で絶對に獨自なる領域としてそれ自身に觀る事はできなくなるであらう。けれども人は、右の如き『捨象』に依つては自然からは單に自然的なるもののみが得られるにすぎぬのであつて、先驗的に純粹なる意識は決して得られぬといふ事を洞觀せねばならない。更に又、現象學的還元とは、判斷を單に全現實的存在の聯關内の斷片に制限するといふ意味ではないのである。特殊的現實科學のすべてに於いては、理論的關心は全現實界の特殊範圍に限られてゐるのであつて、その他の範圍は、彼之相結ぶ實在的關係の故に仲介的研究の必要に迫られない限り、何處迄も顧みられずに居るのである。此の意味に於いて、力學は光學的現象を、一般乃至最廣義の物理學は心理學的なるものを、捨象するのである。併し、如何なる自然科學者も知つてゐる樣に、右の故に現實界の範圍が分離して居るといふのではないのであつて、全世界は結局唯一の『自然』であり、そしてすべての自然科學は一個の自然科學の分肢をなしてゐるのである。が、絶對的本質態としての體驗の領分に關しては、事情は基礎本質的に異なる。此の領分はそれ自身に固く完結して居り乍ら、而もそれを他の領域から分ち得る樣な限界は有たない。何故ならば、假令此の領分を限界する樣なものがあるとしても、それも猶は此の領分と本質上の共有性を共にせざるを得ないであらうからである。然るに此の領分は、吾々の分析の示した一定の意味に於いての、絶對的存在なるものの全體なのである。此の領分はそれの本質上、如何なる世界的、自然的存在からも獨立であり、そして又それの現存のためにも此の世界的、自然的存在を必要としない。自然の現存は無論それ自身意識の雙闘者である事は明かなのであるから、意識の現存の方を制約することはできない。自然は單に、統制ある意識聯闘に於いて規整されるものとしてのみ存在するだけなのである。

註記

吾々は玆に序でを以て次の事を言つておき度い。がそれは、誤解を防ぐ爲めに言はうと思ふのである。扨、若し諸々の個々の場合に向つて分化する意識過程の、與へられた秩序を成せる事實性と、それ等の個々の場合に內在する目的論とが根據ある機因となつて、正に此の秩序そのものの基礎に對する疑問が提出される場合には、理性上恐らく假定されるであらう如き神學的原理をば、世界といふ意味に於ける或る超越と解する事は本質上の根據から可能でない。蓋し若しさう解するならば、吾々の確認から豫め明證的に歸結する如く、それはひとつの悖理なる循環論であらうからである。絕對者の秩序原理は、絕對者そのものの裡に、又純粹に絕對的なる考察の裡に見出されねばならない。換言すれば、現世神といふものは明白に不可能である故に、且つ又、他方神が絕對的意識に內在するといふ事は體驗としての存在といふ意味に於いての內在とは解し得られない（さう解する事も亦同樣に悖理であらう）故に、絕對的なる意識の流れ及びそれの無限性の裡には、調和的現象の統一としての物的實在を規整するとは別の仕方の超越の立證がなければならぬのであり、且つ結局又、理論的思惟が適合する所の直覺的立證——若し此の思惟に理性的に從へば、假定された神學的原理の統一的支配が理解され得るであらう——がなければならぬのである。斯くて又次の事も明白になる。卽ち、此の支配は、因果性の自然概念——卽ち實在と實在の特殊的本質に屬する機能的聯關とに合ふやうに調子を下げられた概念——といふ意味に於いては、因果的支配であるとは解し得られないであらう。

兎に角、上述の事はすべて玆ではこれ以上は吾々には無關係である。吾々の目的は——假令間接には現象學は神學に對して如何に重要な意味があるとしても——直接には神學に在るのではなくして現象學に在るのである。けれども、上來遂行した基礎的考察も、それが現象學固有の研究範圍として絕對的領域を開拓する上に不可缺であつた限り、現象學に役立つたのである。

五二、補說、物理學上の物と『現出の知られざる原因』

扨今度は、以下の如き補說を加へる必要がある。吾々は吾々の考察の最後の一聯を、主として感性的なるイマギナティオの物に對して行つた。そして物理學上の物——この物に對して、感性的に現出する（知覺的に與へられたる）物は『單なる現出』として、恐らくは加之或る『單に主觀的なるもの』として働くと言はれてゐる——には正當な顧慮を拂はなかつた。とは言へ併し、嚮の吾々の論述の意味には旣に、「此の單なる主觀性は（甚だ屢々なされる如く）體驗の主觀性と

――宛も知覺された物はそれの知覺性質の中にあり、そして此の知覺性質自身は體驗であるかの如くに――混同されてはならない」といふ事が含まれてゐる。現出する物は『眞なる』物理學上の物の假象乃至不完全なる寫像であるといふ事も亦、自然科學者の眞意ではあり得ない、（殊に吾々が彼等の言ふ所でなく彼等の方法の意味に據つて考へればさうである。）同樣に、現出の規定は眞なる規定に對する『記號』であるといふ言説も人を誤まるものである。（一）

扨吾々は更に、廣く流布してゐる『實在論』の意味に於いて次の如く言ふ事が許されるであらうか。即ち、「現實的に知覺された（そして第一の意味に於いて現出する）ものがそれは又それで、それとは内面的に別個にして分離せる他者の現出乃至直觀的基構と見做さるべきである」と。理論的に見るならば、此の他者は、現出體驗の進行を説明する目的の爲めに假説的に想定さるべき全く知られざる實在、即ち此の現出の、數學的諸概念に依つて單に間接的類推的にのみ性格づけらるべき隱れたる原因と見做さるべきであらうか。

吾々の一般的敍述（それは吾々の尙ほ進んだ分析に依つて更に遙かに深められ且つ決定的に確證されるであらう）に基づいて既に明かなる如く、右の樣な理論は唯單に、經驗に固有なる本質の裡に含まれてゐる所の（物的所與、隨つて『物一般』の）意味――物に關するあらゆる理性的言説の絶對的規範をなす意味――に眞面目に留意し且つそれを學的に討究する事を避ける限りに於いてのみ、可能なるにすぎぬものである。此の意味に反するものは最も嚴密に解釋してまさしく悖理なのである。(二) そして此の事は疑ひもなく、上述の如き型の認識論説のすべてに就いて言ひ得られる。

「若し知られざる假託の原因が苟くもあるとするならば、それは、吾々にとつてではなくとも、他のよりよく且つ廣く觀ずる我にとつては、原理的に知覺され得且つ經驗され得るに違ひないであらう」といふ事は勿論容易に認證されるであらう。茲に言つてゐるのは決して空虛なる、又單に論理的なる可能性を指すのではなく、內容に富み且つ此の內容に由つて妥當する本質可能性を指すのである。更に進んで示すべき事は、可能的知覺そのものは復、而も本質必然性に依つて、現出を通しての知覺でなければならぬであらうといふ事、そして吾々はそれ故、避くべからざる無限退行に陷るであらうといふ事であらう。尙ほ更に指示すべき事は、知覺的に與へられた出來事を假說的に想定された原因實在に依つて、卽ち知られざる物性に依つて說明する事（例へば、遊星の或る攝動を海王星の如き未知の新遊星を想定する事に依つて說明する事）は、經驗された物を物理學的規定の意味に於いて、又原子、イオン等々といふ風な物理學上の說明手段に依つて說明する事とは、原理的に別ものであるといふ事であらう。かくて同樣な意味で、猶ほ種々の詳論すべき事柄があるであらう。

吾々は茲では、立ち入つて斯くの如き狀態の一切を體系的に遺漏なく論究する必要はない。吾吾の目的にとつては、二三の主要點を明かに取り出せば十分なのである。

論述の手懸りとして吾々は、「物理學的方法に於いては、知覺されたものそれ自身が、常に且つ原理的に、物理學者が研究し且つ學的に規定する所のまさしくその物なのである」といふ吟味し易い確認を取つてみよう。

此の命題は、吾々が物理學者の一般常用語の意味、乃至第一性質と第二性質との傳統的區別の意味を更に精細に規定しようと試みた前述の諸命題(三)に矛盾する樣に見える。諸々の明白な誤解を除去した後、吾々は、『本來的に經驗された物』は吾々に『單なるこれ』を、即ち嚴密なる物理學的諸規定——この諸規定自身は本來の經驗の裡へ這入つては來ない——の所持者となる所の『空虛なるX』を與へるものである、といふ事を述べたのであつた。それ故、『物理學的に眞なる』存在は、知覺そのものに於いて『有體的』に與へられたる存在とは『原理的に別樣に規定されてゐる』存在であるといふのであつた。此の知覺に於いて有體的に與へられたる存在は、まさしく物理學的規定ならぬ純粹に感性的なる諸規定を具へて其處にあるといふのであつた。

上述の如くであるにも拘らず、上の兩つの論述は互に甚だよく調和するのであつて、吾々は物理學的見解のあの解釋に強く爭論するを要しない。吾々は此の解釋を、唯正しく理解する必要があるだけである。吾々は決して、原理的に誤まれる寫像說や記號說——それは吾々が嚮に(四)、物理學上の物を特に顧慮してではなかつたが、既に考察し、直ちに根本的に普遍的に論破したものである——に陷つてはならない。寫像乃至記號はそれの外にあるもの——そのものは能與直觀といふ別の表象仕方に這入つて來る事に依つて『自體に』把捉され得るものであらう――を指示する。記號や寫像はそれ自身に於いて、記號（或は模寫）されたものの自體を『表明する』ものではない。然るに物理學上の物は、感性的＝有體的に現出するものと無緣のものではなくして、その現出するものの裡に於いて、而も先天的に（廢棄し得ぬ本質根據から）單にそのものの裡に於いてのみ原的に自己を表明するものなのである。のみならず、物理學的諸規定の所持者の役をなすXの感性的規定內實も亦、その物理學的諸規定と無緣な、そしてそれを包む、被覆ではないのであつて、むしろそのXは、それが感性的諸規定の主辭である限りに於いてのみは、物理學的諸規定――それは又それで感性的諸規定の裡に於いて自己を表明する――の主辭でもあるのである。物、精確には物理學者の論ずる物は、既に詳述した所に依つて、原理的に、唯感性的にのみ、卽ち感性的な諸々の『現出仕方』に依つてのみ與へられ得るのであつて、これ等現出仕方の變化的連續の裡に現出する同一者とは、物理學者が、すべての經驗可能なる（それ故知覺されたる或は知覺可能なる）聯關――それは『情況』として觀察され得る――に關係せしめて、因果的分析卽ち實在的なる必然性諸聯關への探究に附するところのものなのである。物理學者が觀察し、實驗する物、卽ち彼が常に見、手に取り、天秤に載せ、鎔鑛爐に入れる物、此の物が（そしてこれ以外の物ではなく）――重量、質量、溫度、電氣的抵抗等々は此の物にあるのであるから――物理學的賓辭の主辭となるのである。同樣に又、力、加速度、エネルギー、原子、イオン等々の如き概念に依つて規定されるのは、知覺されたる出來事や聯關そのものである。感性的に現出する物、即ち感性的なる諸々の形、諸々の色、臭ひや味の諸特性等を有つ物は、それ故、決して他のものに對する記號ではないのであつて、言はば已れ自らに對する記號なのである。

唯次の事だけは言ひ得られる。即ち、某々の感性的諸性狀を具へ、與へられたる現象的情況の下に現出する物は、物理學者（普遍的に斯くの如き物一般に對して、斯くの如き種類の現出聯關に於いて、既に物理學的規定を行つた物理學者）にとつては、正に此の物の夥多の因果的特性（それは正に、本性上よく知られてゐる現出の依屬性といふ點から觀て、因果的であるといふ事がわかる）を示す記號であるといふ事である。そこに因果的として自己を表明するものは――正に意識體驗の指向的統一に於いて自己を表明するものとして――原理的に超越的なのである。

以上總てに依つて明かなる如く、物理學上の物といふ高次の超越と雖も決して、意識に對しての、或は（單獨的に乃至感情移入の聯關に於いて）認識主觀としての役をなす我に對しての、世界を超える事を意味するものではないのである。

一般的に略說すれば事情は次の如くである。即ち自然的經驗（或はそれが行ふ自然的措定）の基礎の上に、物理學的思惟は立つものである、そして此の思惟は、それに經驗の諸聯關を提示する理性動機に從つて强制的に、或る把握仕方即ち或る指向的構成を理性的に要求されたものとして遂行し且つそれを遂行して感性的に經驗された物に對する理論的規定をなすに至るべく餘儀なくされる、といふのである。正に此の事に依つて、端的なる感性的イマギナティォの物と物理學的インテレクティォの物との對立が出て來る。そして後者の側に對しては、物理學的概念に依つて表出され、且つ己れの意味を專ら自然科學的方法からのみ汲み取つて居り又汲み取つて宜しい所のイデー的な存在論的思惟成體のすべてが生ずるのである。

かく經驗論理的理性は物理學といふ名稱の下に、より高次の指向的雙關者を——即ち端的に現出してゐる自然から物理學的自然を——作り出すのであるが、その場合に若し此の明瞭な理性所與を(これは實は、端的＝直觀的に與へられた自然の經驗論理的規定以上の何ものでもないのに)、知られざる物的實在の世界(現出を因果的に說明する目的の爲めに假說的に基體として置かれたもの)であるかの如くにそれ自身に樹てるならば、それは神話に耽ると一般である。

かくて人々は、悖理にも、感官上の物と物理學上の物とを因果性に依つて結びつける。がそれと同時に又人々は普通の實在論に於いて、感性的現出即ち現出する對象そのもの(それは自身既に超越者である)を、それの『單なる主觀性』の故に、現出作用即ち經驗する意識一般といふ、右の對象を規整する所の絕對的體驗と混同する。人々は尠くとも、次の形に於いて何時も右の混同を犯すのである。即ち人々は、宛も客觀的物理學は現出する物といふ意味に於ける『物の諸現出』をでなく、經驗する意識なる規整的體驗といふ意味に於けるそれを說明するのを任とするかの如くに言ふのである。そこで人々は、規整されたる指向的世界の聯關の中に原理的に屬し、且つ唯その世界に於いてのみ意味を有つ所の因果性を、啻に『客觀的』なる物理學的存在と直接經驗に於いて現出する『主觀的』存在――卽ち『第二性質』を有てる『單に主觀的』なる感官上の物――との間を結ぶ神話的紐帶としてしまふばかりでなく、不當にも後者からそれを規整する意識へ移り行くことに依つて人々は因果性を、物理學的存在と絕對的意識、殊には經驗なる純粹體驗、との間を結ぶ紐帶としてしまふ。此の場合人々は、眞に絕對的なるもの卽ち純粹意識そのものは全く認めずに、物理學的存在を或る神話的なる絕對的實在にすり換へるのである。かくて人々は、「物理學的自然、卽ち論理的に規定する思惟の此の指向的雙關者を絕對化する」といふことに含まれてゐる不條理に氣付かぬのである。換言すれば、此の自然、卽ち直接直觀的なる物の世界を經驗論理的に規定する所の、且つ又さうする機能に就いては完全に知られてゐる所の自然（その背後に何ものかを探すことは無意味である）を、或る知られざる、唯神祕的にのみ現はれる實在――これは自身には決して、また如何なる固有規定の點からも、把捉され得ない――であるとしてしまひ、のみならず次には不當にもその自然に、主觀的現出と經驗する體驗との過程に就いての原因的實在といふ役目を要求しさへする、といふことに含まれてゐる不條理に氣付かぬのである。

これ等の誤解に於いて次の如き事情は尠からずその原因となつてゐる。それは卽ち、すべての範疇的思惟統一――特に著しくは勿論、甚だ間接的に形成されたる思惟統一――の特性なる感性的直觀の不可能性に對し、そしてまたこれ等の思惟統一に感性的なる繪圖や『模型』を與へるといふ認識運用上便利な欲望に對し、人々は誤まつた解釋を下してゐるといふ事である。この解釋に依れば、その感性的に直觀し得られないものは、よりよき知性組織にあつては端的なる感性的直觀に齎され得る或る隱れたるものの象徵的代表者であるといふのであり、又模型は此の隱れたるものに對し直觀的なる雛形的繪圖の用をなし、隨つて、古生物學者が乏しい資料を基礎として絕滅した生物を描く假說的畫圖と同樣な機能を有つてゐるといふのである。人々は構成的思惟統一そのものの明瞭な意味を顧みず、上の假說的なものは此の場合思惟綜合の領界に繫縛されてゐる事を看過してゐるのである。假令神の物理學と雖も實在に就いての範疇的思惟規定を端的に直觀的なるそれには成し得ない。それは恰も神の全能も、楕圓函數を描いたりヴイオリンで彈いたりする樣には成し得ないのと同樣である。

上の論述が如何に一層の沈潛を必要とするとしても、又上の論述に依つて、それに關するすべての事情を十分に闡明する必要が如何に吾々の痛感する所であるとしても、次の事は吾々に明證となつた、(それは吾々の目的にとつて吾々の必要とする事である)。卽ち、原理的に觀て、物理學上の物の超越は意識に於いて規整され、意識に繫縛されてゐる存在の超越であるといふ事、そして又、數學的自然科學を顧慮しても(假令該科學の認識の裡に如何に多くの特殊の謎が在るとしても)吾々の結論には何等の變化も及ぼさないといふ事である。

『單なる事象』としての自然客觀に關して吾々が上來明かにした事は悉く、その自然客觀の裡に基づけられてゐる價値論的にして實踐論的なる客觀、美的對象、文化成體等々のすべてのものに對しても妥當するに相違ないといふ事は、特に論述するを要しない。此の事は又同樣にして畢竟、意識に依つて規整される超越一般のすべてに對しても妥當するのである。

（一）寫像說及び記號說に就いての第四三節（一五五頁以下）に於ける論述參照。
（二）本書に於いて悖理といふのは論理的用語なのであつて、何等論理以外の感情的評價を表はすものではない。如何に偉大な學者達と雖も時に悖理に陷る。併しその事を明言するのが吾々の學問上の義務であるとするならば、さうする事は彼等に對する吾々の尊敬を毀損する所以とはならないであらう。
（三）上述一四四―一四五頁、第四〇節參照。
（四）上述第四三節、一五五頁以下參照。

五三、心を有てるものと心理學的意識

吾々の考察の限界を別の方面へ擴げることは甚だ大切である。吾々は上來、物質的自然の全體、即ち感性的に現出する自然及びより高き認識段階としてそれに基づけられてゐる物理學的自然を、吾々の論定範圍に入れて來たのである。けれども、心を有てる實在者即ち人間や動物に就いてはどうなのであるか。それらのものの心及び心的體驗に就いてはどうなのであるか。充實せる世界は無論單に物的なる世界ではなくして、心的＝物的なる世界である。此の世界には――何人も否

定し得ぬ如く――心を具へた身體と結合せる意識の流れのすべてが屬すべきものである。それ故一面意識は絶對的なるもの――それに於いて全超越的者、隨つて結局心的＝物的世界の全體は規整される――であるべきであり、しかも又他面意識は此の世界の內部に下屬せるひとつの實在的出來事であるべきである。此の兩つの事實は如何にして互に調和するであらうか。

吾々は、如何にして意識が言はば實在的世界へ入り込み得るのであるか、如何にして自體には絶對的なるものがその內在性を棄てて超越性なる性格を採り得るのであるか、といふ事を明かにしよう。意識が右の如くなるのは唯、第一の、卽ち本原的なる意味に於ける超越に何等かの仕方で關與する事に依つてのみ可能である事を吾々は直ちに覺る。そしてその超越は明かに、物質的自然といふ超越なのである。意識は唯、身體への經驗關係に依つてのみ實在的なる人間や動物の意識となる。そして此の事に依つてのみ、自然の空間及び自然の時間――卽ち物的に測定される時間――に於ける位置を獲るのである。吾々は又次の事をも想ひ起す。それは、一つの世界に屬する諸々の心を有てるものの間に於いて相互了解といふ如きものの可能であるのは、唯意識と身體とが結合して一つの自然的な又經驗的＝直觀的な統一をなす事にのみ依るのであるといふ事、又、その統一をなすといふ事に依つてのみ各々の認識主觀は、自身と他の諸主觀とを含む充實せる世界を眼前に見出し、同時に又その世界を、自身及び他のすべての主觀に共通に屬する同一の周圍世界として認識し得るのであるといふ事である。

或る獨自の把握乃至經驗の仕方、卽ち或る獨自の種類の『統覺』が、此の所謂『結合』卽ち意識の此の實在化といふ作業を行ふのである。此の統覺の本性は何であるとしても、如何なる特殊の種類の身分證明を要求するとしても、以下の點だけは明白である。卽ち、意識そのものは、斯く統覺的に組合つても、卽ち物體的なものに對して心的＝物的に關係しても、己れ固有の本質は少しも失はず、又己れの本質に無關係なる何ものをも己れの裡に採り入れるを得ない――若しさうすればそれは無論ひとつの悖理であらう――といふ事である。物體的存在なるものは、原理的に現出する所の、卽ち感性的射映を通して示現する所の存在である。自然的に統覺された意識、卽ち人間の體驗流及び動物の體驗流として與へられ、隨つて物體性と結合して經驗されてゐる體驗流は、此の自然的に統覺されてゐるといふ事に依つても、射映を通して現出するもの等には勿論なりはしないのである。

而もそれは別のもの、卽ち自然の成素となつたのである。それは、それ自身に於いてはその本來あるものである、卽ち絕對的本質を有つてゐる。けれどもそれは、此の本質に就いて、それの流動する「此のものたる相」に於いて把捉されてゐるのではなくして、『或るものとして把握』されてゐるのである。そして此の獨特な把握に依つて一個獨特な超越が規整される。卽ち、今や或る同一的なる實在的自我主觀の或る意識狀態が現出してゐるのである。此の自我主觀はその意識狀態に於いて己れの個體的なる實在的諸特性を表明してゐる、そして今や――狀態に於いて自己を表明してゐる諸特性の此の統一として——現出してゐる身體と一つになつたものと意識されてゐる。斯くて心的＝物的統一なる人間或は動物は、統覺の基づけに對應して、身體的に基づけられたる統一として現出に於いて規整されるのである。

各々の超越化的統覺に於ける如く、此の場合に於いても亦、本質上、二つの觀方を行ふ事が出來る。その觀方の一つに於いては、把捉的視向は、言はば超越化的把捉を通して、統覺せられたる對象に向ふのであり、他の觀方に於いては、把捉的視向は反省的に、純粹なる把握的意識に向ふのである。それ故、吾々の場合に於いて、一方には、自然的觀方を執る視向が人間乃至動物の體驗狀態としての體驗、例へば喜びの體驗の如き、に向つてゐる所の心理學的觀方なるものがある。他方には、本質的に可能な事として此の心理學的觀方と絡み合つてゐる現象學的觀方なるものがある。これは、反省し且つ超越的措定を排去して、絕對的にして純粹なる意識に向ひ、そこで絕對的體驗の狀態に對する統覺を眼前に見出すのである。卽ち例へば、上揭の例で云ふならば、絕對的なる現象學的與件としての喜びといふ感情體驗がそれである。但しそれを生化する把握機能を仲介として、卽ち、人間の自我主觀の、現出する身體と結合せる狀態を『表明』する正にその機能を仲介としてである。『純粹』體驗は、或る意味に於いて、心理學的に統覺されたものの裡に、卽ち人間の狀態としての體驗の裡に、『横はつて』ゐる。そしてそれは、それ獨自の本質に依つて、狀態性といふ形式を、それに依つて又、人間としての我及び人間としての身體性への指向的關係を採る。當該體驗――吾々の例では喜びの感情――が、若し此の指向的形式を失ふ（それは確かに考へ得る事である）といふ場合には、それは勿論或る變化を受ける。併しその變化は唯、該體驗が純粹意識に於いて單純化される、即ち該體驗は最早自然といふ意義を有たない、といふ變化に過ぎぬのである。

五四、續き、超越的なる心理學的體驗は偶然的にして且つ相對的、先驗的體驗は必然的にして且つ絶對的

吾々はかういふ事を考へてみよう。卽ち、吾々は自然的なる統覺――而も恆に不當なるそれ――をなし、その統覺の爲めに、經驗の統一が依つて以て吾々に規整され得る如き調和的聯關が不可能になると考へてみよう。換言すれば、吾々は上の論述の意味に於いて全自然、――先づ第一には物的自然――を『撥無された』ものと考へてみよう。さうすると最早何等の身體も、隨つて又何等の人間もないといふ事になるのである。人間としての私は最早ない事になり、まして私にとつて隣人等は愈々ないといふ事になるであらう。けれども私の意識は、よしそれの體驗成素が如何に變化したとしても、依然として、已れ獨自の本質を有てる絶對的體驗流で居るであらう。假令體驗を或る人格的我の『狀態』――この狀態の變化の中に同一的なる人格的特性が現はれる――と解せしめる如き或るものが猶ほ殘存するとしても、吾々は此の如き把捉をも廢止し、この

把捉の規整する指向的形式を放棄して純粹體驗へ還元することができるであらう。心的狀態と雖も亦絕對的體驗の規制に由來する。卽ち心的狀態は絕對的體驗に依つて規整される、卽ちそれが『狀態』なる指向的にして且つそれ自らの仕方で超越的な形式を採るのは絕對的體驗に依つてなのである。

身體なき意識も、又――假令如何に逆說的に響いても――心なき、卽ち人格的ならぬ意識も亦無論、慥かに考へ得られる。換言すれば或る體驗の流れ、卽ちそれに於いて身體、心、經驗的自我主觀等の樣な指向的經驗統一が規整されないであらう如き、卽ちこれ等すべての經驗概念、隨つて又心理學的意味に於ける體驗（卽ち人格、心を有てるものとしての我、の體驗）の概念も、それに於いては何等の支點をも、又決して何等の妥當力をも有つてゐないであらう如き體驗の流れ、が考へ得られるのは慥かである。すべての經驗的統一、並びに又心理學的體驗は、右に特記した本質形態――この外にも正に猶ほ他の形態も考へ得られる――を有てる絕對的體驗聯關を示す指標である。卽ちすべてのそれは皆同樣な意味に於いて超越的、單に相對的、偶然的なのである。吾々は次の事を確信せざるを得ない。卽ち、自己及び他人の體驗の各々は、心を有てるものとしての主觀の心理學的且つ精神物理學的なる狀態であると經驗上言はれ得、且つ又全く正當にさう言はれ得るのであるが、斯く言はれ得る場合の自明性には、上に示した點から見て、それの限界が有るといふ事である。換言すれば、經驗的體驗には、それの意味の前提として、絕對的體驗が對立するといふ事、此の絶對的體驗は形而上學的構成なのではなく、適當なる觀方の變更に依つて、それの絶對的なる事が疑ひなく證示され得べきもの、卽ち直接的直觀に於いて與へらるべきものであるといふ事である。吾々は次の事を確信せざるを得ない。卽ち、心理學の意味に於ける心的なるもの一般、卽ち心的人格性、心的特性、體驗、乃至狀態は經驗的統一であるといふ事、それ故それ等は、各種各段の實在の如く、指向的『規整』の單なる統一であり、――それ自らの意味に於いては眞に存在しはする、卽ち直觀され得、經驗され得、經驗を基礎として學的に規定され得はする――、が而も『單に指向的』であり、それ故に又單に相對的である、といふ事である。それ故、それ等を絶對的な意味に於いて存在するものとして措定することは悖理なのである。

（一）第四九節、一七七頁以下參照。

五五、結び、一切の實在は『意味付與』に依つて存在する、『主觀的觀念論』にあらず

語を用ふるに當つて、或る用法に依り且つ若干の注意を拂ふならば、人々はまた、「一切の實在的統一は『意味の統一』である」と言ふ事もできる。意味の統一は（繰返して强調するが、吾々が何等か或る形而上學的公準から演繹するからではなく、吾々はその事を直覺的な、卽ち全く疑

ひなき仕方で證示し得るが故に）意味付與の意識――此の意識の方は絶對的であり、自身再び意味付與に依るものではない――を豫想する。實在といふ概念を自然的實在、即ち可能的經驗の統一から引き出して來るならば、『一切世界』、『一切自然』といふものは無論實在の一切といふに等しい。けれどもそれを存在の一切と同一視し、且つかくする事自身に依つてそれを絶對化するといふ事は悖理である。絶對的實在は圓い四角と全く同等に妥當し得ないのである。茲に實在といひ世界といふのはとりもなほさず、或る妥當なる意味の統一を示す名稱である。詳しくは、本質上正に斯樣に、而して別樣にではなく、意味を付與し、且つ意味の妥當性を證示する所の、（絶對的且つ純粹なる意識の）或る聯關に關係せる『意味』の統一を示す名稱なのである。

若し吾々の論究に對して異論を挾む者があつて、吾々の論は一切世界を轉じて假象となし、『バークレ流の觀念論』に陷るに等しいと云ふならば、彼に對しては吾々は唯、彼は吾々の論究の意味を把捉しなかつたのだと答へるより他仕方がない。世界といふ全く妥當なる存在から、即ち實在の一切としてのそれから何ものも控除されたのではなかつた。それは恰も四角形といふ全く妥當なる幾何學上の存在から、人が「それは圓くある」といふ事を否認しても（此の場合此の事は無論明かに自明的である）、それに依つて何ものも控除されないと同樣である。實在的現實が『轉釋』されたり、乃至は又否認されたり等したのではないのであつて、實在的現實に對する悖理的なる――隨つて現實固有の明瞭に闡明された意味に矛盾する所の――解釋が除去されたのである。斯かる解釋は、自然的世界觀の全然關知せざる、世界の哲學的絶對化から由來する。自然的世界觀は正に自然的である。即ちそれは、吾々の記述した總措定の遂行に於いて素樸的に生きてゐる。隨つて決して悖理的となるわけがないのである。悖理は次の場合に初めて生ずるのである。即ちそれは、人が哲學的思索をする場合、そして、世界の意味に就いて究極的知識を探求するに當つて世界そのものはそれの全存在を或る『意味』（一）として有つて居り此の意味は絶對的意識を意味付與の分野として豫想してゐるといふ事柄に少しも氣付かない場合にであり、且つ又それと同時に、此の分野、即ち絶對的根源の此の存在領界は、諦視的研究の到達し得る分野であつてそれは最高の學問的權威に對する明瞭なる認識を無限に豊富に有つてゐるといふ事柄に氣付かない場合にである。此の後者の場合の事柄は勿論吾々の猶ほ未だ示さなかつたものであつて、それは此の研究が更に進んで初めて明かになるであらう。

最後に私は尙ほ次の事を注意して置き度い。といふのは、絶對的意識に於いて自然的世界が規整されるといふ事に就いて今論じ終へた考察は普遍的に語られたのであつたが、此の普遍性は何等反對を惹き起すべき理由がないといふ事である。吾々は空想的に哲學上の思ひ付きを敢てしたのではないのであつて、此の分野に於ける組織的なる基本的研究を基礎として愼重に獲得せる認識を濃縮して普遍的記述として行つたのであるといふ事は學問的經驗のある讀者ならば、上の論述の概念的精確さから察知出來るであらう。一層仔細に詳論し且つ未決の儘に放置した間隙を塡める様にとの要求は痛切でもあらうし、又さうあるべきである。論述が更に進めば、上來述べた輪廓を具體的に仕上げる事に大いに寄與するであらう。けれども注意すべき事は、今の場合吾々の目的は、その樣な先驗的規整の詳細な理論を示し、それに依つて實在領界に關して或る新しき『認識論』を立案するに在るのではなくして、唯先驗的に純粋なる意識といふ觀念を獲得するに助けとなり得る樣な一般的思想を明かにするに在るに過ぎないといふ事である。吾々にとつて肝要なのは、自然的觀方乃至それの總措定の排去としての現象學的還元が可能であり、そして此の還元を遂行した後には、それに對し猶ほ實在性を期待する事は悖理である所の絶對的なる、卽ち先驗的に純粋なる意識が剩餘として殘存するといふ明證的なる事柄である。

（一） 私が此處で姑く、對照を印象强くする目的の爲めに『意味』といふ概念を異常に——が併しそれ自身の仕方で許さるべく——擴張することを恕され度い。

第四章　現象學的還元

五六、現象學的還元の範圍に就いての問題、自然科學と精神科學

自然の排去は吾々にとつて、先驗的に純粋なる意識への視向擬向を一般に可能ならしめる方法

的手段であつた。純粹意識研究の目的の爲めには一般に何が排去されて居なければならぬか、又、必須なる排去は單に自然領域に關するのみであるかどうか、逆に此の事を考察する事は、吾々が既に右の意識を諦視的視向の裡に取り入れた今でも、猶ほ依然として有用である。基礎づけらるべき現象學的學の方から言ふならば、此の事は又、「斯學は、それの純粹な意味を害ふ事なしに、どの學ならば源泉としてよいのであるか、どの學ならば豫め與へられたものとして利用してよいのであるか、又どの學はいけないのであるか、それ故どの學が『括弧入れ』を必要とするのであるか」といふ意味ともなる。『根源』の學としての現象學に固有なる本質にとつて大切な事は、素樸なる（『獨斷的』なる）學が何れも無關心なる此の種の方法上の問題を、現象學は愼重に熟考せねばならぬといふ事である。

先づ第一に自明的なのは、自然的世界即ち物的世界及び心的＝物的世界の排去と共に、評價的及び實踐的なる意識機能に依つて規整される個體的對象性も亦悉く排去されてゐるといふ事である。即ちすべての種類の文化成體、即ち工藝美術の作品、學問（但し妥當統一としてではなく、正に文化事實として問題となる限りのそれ）の業績、あらゆる形態の美的並びに實踐的價値、等が排去されてゐるといふ事である。國家、風習、法、宗教等の如き種類の現實も亦無論同樣である。かくして、すべての自然科學並びに精神科學は、それの認識の總額を含めて、自然的觀方を必要とする所の恰もその學として、排去を受けるのである。

五七、純粹我排去の問題

限界點に於いて困難が生ずる。自然存在者としての、並びに又人格的團體卽ち『社會』なる團體に於ける人格としての人間は、排去されてゐる。各々の心を有てる存在者も亦同樣に排去されてゐる。併し純粹我に就いてはどうであるか。ものを眼前に見出す現象學的我も亦現象學的還元に依つて先驗的無となつたのであらうか。吾々は純粹意識の流れに還元してみよう。反省に於いては、遂行されたコギタティオの各々は、コギトといふ顯現的な形を採る。吾々が先驗的還元を行ふ時、コギトは此の顯現的な形を失ふのであらうか。

最初からして次の事だけは明かである。卽ち、此の還元を遂行した後では吾々は、先驗的剩餘として殘存する多樣な體驗の流れの裡の何處に於いても、他の諸體驗に伍する或る體驗としての、又本來の體驗斷片——それが一斷片たる所の體驗と共に生起し消滅するそれ——としての、純粹我なるものには決して出會はないであらうといふ事である。我なるものは恆常的に、否必然的に其處に在るものであると思はれる。けれども此の恆常性は明かに、漫然と停滞する體驗の、卽ち『固定せるイデー』のそれであるのではない。却つて我は去來する體驗の各々に屬する、卽ち我の『視向』は、顯在的なるコギトの各々を『通して』對象的なものに向ふのである。此の視向線は各々のコギトと共に變替するそれである。卽ち新しきコギトと共に新しく放射し來り、又それと共に消失して行くのである。然るに我は同一者である。原理的に觀るならば、各々のコギタティオは――假令「各々のコギタティオは必然的に消滅するものであつて、單に、吾々が眼前に見る如く、事實上消滅するものたるにすぎぬのではない」か否かは疑はしいかも知れぬとしても――變替卽ち去來する事が尠くとも可能ではある。然るにこれに反して純粹我は、原理的に必然的なるものであると思はれる、としてそれは、體驗が如何に現實的に又可能的に變替しても絕對的に同一的なるものとして、如何なる意味に於いても體驗そのものの實的なる斷片乃至契機とは言ひ得ないのである。

純粹我は、特殊の意味で、徹頭徹尾各々の顯在的なるコギトの裡に生きる。ところが又すべての背景體驗も亦純粹我に屬し、又純粹我はすべての背景體驗に屬する。卽ち背景體驗はすべて、私の體驗の流れである所の一つの體驗の流れに屬するものとして、顯在的コギタティオに轉化し乃至はそれに內在的に攝取されざるを得ない。卽ちカントの言葉を藉りれば、『「我思ふは」すべての私の表象に伴ひ得なければならぬ』のである。

世界及びそれに屬する經驗的主觀性に對する現象學的排去の後の剩餘として、我々に對して、純粹なる我（そしてその場合各々の體驗流にとつて夫々原理的に異なる我）が殘存するのであるが、さうするとそれと同時に一個獨特な――規整されたのでない――超越、卽ち內在に於ける超越が現はれて來る。此の超越は各々のコギタティオに於いて直接に本質的なる役割を演ずるのであるが、此の役割の故に吾々は——多くの研究にとつて純粹我の問題は未解決の儘にして置く事はできるが——此の超越に排去を加へる事は許され得ないであらう。併し、明證的に確定し得る直接的なる本質固有性と、及び純粹意識との同時的所與性とが及ぶ限りに於いてのみ、吾々は純粹我を現象學的與件に數へ度いと思ふ。それに反して、純粹我に就いての、此の埒内以上に出るすべての教說には排去を加へ度いと思ふ。その他の點に就いては吾々は、純粹我の難問題と、同時に又吾々が玆に執つた暫定的態度の確證とに對して、本書第二卷に於いて特に一章を捧ぐべき機會を見出すであらう。

（一）『論、研、』に於いては、純粹我の問題に就いて私は懷疑的態度を執つた。けれども私の研究の進むにつれて、私は此の懷疑を固執するを得なかつた。ナトルプの含蓄ある著書『心理學概論』（第一版）に對して加へた私の批評（『論、研、』第二卷、第一版三四〇頁以下）はそれ故重要な點に於いて適切でなくなつてゐる。（ナトルプの斯著の最近あらはれた新訂版の方は、私は遺憾乍ら最早披見參照するを得なかつた。）

五八、神なる超越は排去される

自然的世界を放棄した後吾々は猶ほ別の超越に出會ふ。これは純粹我の樣に、還元された意識と一緒になつて直接的に與へられてゐるのではなく、世界といふ超越に對し言はば兩極的に對立し、甚だ間接的に認識される超越である。神といふ超越が卽ちそれなのである。自然的世界を絕對的意識に還元する事に依つて、顯著なる統制を有てる或る種の意識體驗の事實的聯關が生ずる。

そして此の聯關に於いて、經驗的直觀の領界內で形態學的に秩序づけられた世界——即ちそれに對しては分類的且つ記述的なる諸學が存し得る如きその世界——が指向的雙關者として規整される。正に此の世界こそ同時に、物質的底層に關する限り、數學的自然科學の理論的思惟に依つて、精密なる自然法則の支配を受ける物理學的自然の『現出』として規定されるものである。然るに事實の實現する合理性なるものは本質の要求する合理性ではないのであるから、上述の事には或る不可思議なる目的論が含まれてゐるのである。

更に、經驗的世界そのものに於いて見出さるべきすべての目的論、例へば、人類に到る迄の生物系列の事實上の進化、人類の進化に於いては精神上の財寶を有てる文化の生長、等々、の如きすべての目的論に對する組織的探究は、斯くの如き成體のすべてを、與へられたる事實上の狀態から、又自然法則に從つて、自然科學的に說明する事を以てして盡されるものではない。それに反して、先驗的還元なる方法に依る純粹意識への移行は、必然的に、當該規整意識の今や出現する事實性に對しての基礎に就いての問題へと導く。事實一般ではなくして、無限に增大する可能的價値と現實的價値との源泉としての事實は、『基礎』に就いての問題を强制する——勿論茲に基礎と言つても、それは物的＝因果的なる原因といふ意味ではない。猶ほまた他に宗教意識の方面から吾々を此の同じ原理へ、而も理性的に基礎を與へる動機といふ仕方で、導いて行き得るものがあるのであるが、吾々は之を無視する。此處で吾々に問題となるのは——世界の外に在る『神的』存在の現存に對する右の如き理性根據の種々なる群を單に指示するだけの後に於いては——此の神的存在なるものは、單に世界のみならず明かに又『絶對的』意識をも超越するものであらうといふ事である。それ故それは、意識といふ絶對者とは全然別の意味に於ける『絶對者』であるであらう。同樣に又それは他方、世界といふ意味に於いての超越者と較べても全然別の意味に於ける超越者であるであらう。

此の『絶對者』にして且つ『超越者』なるものにも吾々は無論現象學的還元を押し及ぼす。それは、新しく創成さるべき研究分野からは——此の分野が純粹意識そのものの分野であるべき限り——何處迄も排去されてゐるべきものである。

五九、形相的なるものの超越、普遍學としての純粹論理學の排去

如何なる意味の個體的實在をも排去したと等しく、今度は吾々は他のすべての種類の『超越』をも亦排去しようと試みる。此の試みは『普遍的對象』即ち本質の系列に對して加へられる。普遍的對象も亦無論或る仕方で純粹意識を『超越』してゐる。即ち純粹意識の裡に實的に見出されはしないのである。併し乍ら、吾々は超越を際限なく排去する事はできない。何故ならば、若しできるとすれば、成程純粹意識はすべての超越の排去を意味する事はできない。併し純粹意識に就いての學の可能性は殘るであらうが、併し純粹意識に就いての學の可能性は殘らないであらうからである。

右の事を吾々は明かにし度いと思ふ。吾々はそれを、形相的なるものに對する出來る限り廣汎な排去に就いて、隨つてすべての形相的なる學の排去に就いて試みよう。個體的存在の領域的に區切り得べき領界――最廣の論理的意味に於ける領界――の各々には夫々存在學が屬する。例へば物的自然には自然の存在學が、有心體には有心體の存在學が屬してゐる――すべて之等存在學は、その既に完成せられた學科たると、或は漸く要請せられたにすぎぬ學科たるとを問はず、悉く還元を受けるのである。質料的存在學には『形式的』存在學が（思惟意義の形式的論理學と一緒に）對立し、これには『對象一般』なる準領域が屬する。此の形式的存在學をも排去しようと試みる時、吾々は懸念――これは又同時に、形相的なるものの際限なき排去の可能性にも關するであらうそれ――に襲はれる。

次の如き考へを吾々は押へ難い。如何なる存在範圍にも吾々は、學問の目的の爲めに、或る形相的領界を附屬せしめざるを得ない。がそれは格別研究範圍としてなのではなく、該範圍の研究者が、その範圍の本質特性に於いて相互に聯關する理論的諸動機に動かされて該範圍に關心する場合には常に踏み入る事を許されねばならぬ所の本質認識の所在としてである。就中形式的論理學（乃至形式的存在學）は、如何なる研究者と雖も必ず自由に引證するを得なければならぬのである。何故ならば、彼が何を探究するとしてもそれは常に對象であり、對象一般（特性、事態一般等々）に對し形式的に妥當するものも亦彼の關心事であるからである。また、彼が如何に概念や命題を作り、推理を行ふ等々としても、形式的論理學が斯かる意義や意義の諸類に對し形式的普遍性を以て論定する所の事柄は彼にとつて、あらゆる特殊研究者にとつてと同樣に大切である。斯くして又現象學者にとつても同樣である。各々の純粹體驗も亦、論理的に最廣の意味での對象に屬する。吾々はそれ故、形式的なる論理學及び存在學を排去するを得ない――やうに思はれる。又全く同じ樣に、明白に同樣なる根據から、普遍的ノエシス學も排去され得ないやうである。蓋し斯學は判斷的思惟一般――それの意義內實は唯形式的普遍性に於いてのみ規定されてゐる――の合理性や非合理性に就いての本質洞觀を語るものであるから。

併し更に立入つて考察してみると、形式的論理學、及びそれと共に形式學のすべての學科（幾何學、整數論、集合論等々）を『括弧』に入れる可能性が、或る前提の下に於いて、生じて來る。その前提といふのは卽ち、現象學の純粹なる意識硏究は、純粹直覺に於いて解かるべき所の記述的分析の課題の他には如何なる課題をもその任としてゐるのでなく又すべきものでもない、といふ事である。今若し此の前提を豫想すると數學諸學科の理論形式やそれの間接的定理のすべてやは、現象學にとつて少しも役立ち得ないものとなるのである。概念及び判斷の形成が構成的に行はれない場合には、卽ち間接的演繹の體系が築かれない場合には、數學に存する如き演繹的體系一般の形式論は、質料的硏究の道具として役立ち得ないのである。

斯くて現象學は實に、先驗的に純粹なる意識の分野を純粹直覺に依つて探究する純粹記述的學科である。それ故現象學が引證すべき機會を常に見出し得るであらう如き論理的命題はどうしても、矛盾律の如き論理學的公理であるであらう。そしてそれ等公理の普遍的にして且つ絶對的なる妥當は、現象學は己れ固有の所與に照してこれを類例的に洞觀し得るであらう。斯くて吾々は、形式的論理學及び普遍學一般を、明かに排去的なるエポケーに入れる事ができる。それ故此の點から見て、吾々が現象學者として從はうと欲する所の規範の正當さを確信し得るのである。その規範とは、「吾々が意識そのものに照して、卽ち純粹内在に於いて、本質上洞觀し得るもの以外には何ものをも要求しない」といふのである。

以上に依つて吾々は同時に又、記述的現象學は上述すべての學科に對し原理的に非依屬的であるといふ明確な認識に到達する。此の論定は、現象學の哲學的評價から見て重要でないとは言へない。それ故、此の論定を此の機會に於いて直ちに記して置くことが有利である。

六〇、質料的＝形相的諸學科の排去

扨、質料的なる形相的諸領界に就いてみるに、排去等は明かに思ひも及び得ないといふ事をその特性とする一つの領界がある。卽ち現象學的に純化された意識そのものの本質領界がそれである。純粹意識をそれの單獨的特殊化に於いて、從つて事實學的に——ではあるが然し經驗心理學的にではなく（何故ならば吾々の活動は、世界の現象學的排去といふ區域内に限られてゐるから）

――研究しようといふ目的を樹てる場合と雖も、吾々は意識のアプリオーリはこれを無しで濟ませ得ないであらう。事實學も、己れ固有の範圍の個體的對象性に關係ある本質眞理の使用權は之を放棄するを得ない。扨然るに、緒論に於いて述べた所に依つて既に然る通り、吾々の目的とする所は正に、現象學そのものを形相的なる學として、即ち先驗的に純化されたる意識の本質論として基礎づけるに在るのである。

現象學を右の如き學として基礎づけるならば、現象學はすべての『內在的本質』を――換言すれば、專ら何等か或る流動し去る單獨的體驗に於ける意識の流れの個體的出來事に於いてのみ單獨化する所の本質を――包括する。扨そこで、次の事を洞見する事が基礎的意義のある事である。それは、決してすべての本質が此の內在的本質の範圍に屬するといふのではないといふ事、然らずして個體的對象には內在的なるそれと超越的なるそれとの區別があると丁度同樣に、個體的對象に對應する本質にも亦此の區別が存するといふ事である。斯くてそれ故、『物』、『空間形態』、『運動』、『物の色』等々は――が又『人間』、『人間の感覺』、『心』及び『心的體驗』（心理學的な意味に於ける體驗）、『人格』、『性格特性』等々も――超越的本質なのである。吾々が現象學を內在的意識形態の――即ち現象學的排去の埒內で體驗の流れに於いて把捉され得べき出來事の――純粹に記述的なる本質論として完成せんと欲するならば、此の現象學の埒內へは、如何なる超越的に個體的なるものも屬さない。從つて又現象學には如何なる『超越的本質』も屬さない。超越的本質の論理的位置は寧ろ、當該超越的對象の本質論に在るであらう。

現象學は、それゆゑ、それの內在に於いて、超越的本質の如何なる存在措定をも行つてはならず、該本質の妥當乃至非妥當に就いて、或は該本質に對應する對象性のイデー的可能性に就いて、何等の供述をも行つてはならず、且つまた該本質に關する何等の本質法則をも確立してはならない。

超越的＝形相的なる領域と學科とは、純粹なる體驗領域に眞に限局せんとする現象學に對しては原理的に何等の前提をも寄與することが出來ない。ところで、現象學を恰も此の純粹さに於いて基礎づける事が（既に嚮に述べた規範に隨つて）吾々の目的なのである故、また、此の純粹さを十分意識して貫徹するといふ事には最大の哲學的關心すらかかつて居るのである故、吾々はすべての超越的＝形相的範圍及びそれに屬する諸存在學迄への最初の還元の擴張を明確に遂行するのである。

それ故、吾々は、現實的なる物的自然及び經驗的自然科學を排去すると等しく、形相的學、卽ち物的なる自然對象そのものに本質的に屬するものを研究する學をも亦排去する。幾何學、運動學、物質の『純粹』物理學等は夫々括弧を受ける。同樣にして、吾々は、心を有する自然的存在者に就いての經驗科學のすべて、及び、人格的團體に於ける人格的存在者に就いての、歷史の主體としての、卽ち文化の所持者としての人間に就いての、或は又文化諸相そのもの、等々、に就いての經驗的精神科學を排去したと等しく、今度は又、これ等の對象に對應する形相的學をも亦排去する。吾々はこの排去を、前以て、且つイデーに於いて行ふ。何故ならば、周知の如くこれ等の形相的學（例へば、理性的なる心理學、社會學）は從來、何等の――或は何等の純粹にして且つ難點なき――基礎づけをも受けるに至つてゐないからである。

現象學がその使命上引き受けるべき哲學的機能の事を考へるならば、次の事を明言するのは此の場合に於いても亦有益である。卽ち、上述の詳論に依つて同時に又現象學は、他のすべての學からと同樣に、質料的＝形相的なる諸學からも亦絕對的に獨立なる事が確定されたといふ事である。

現象學的還元の此の所示の擴張は無論、自然的世界及びそれに關係する諸學に對する最初の單純なる排去の如く、置礎的意義を有つものではない。後者の第一還元は、言ふ迄もなく、現象學の分野への視向擬向、及びその分野の所與一般の把捉を初めて可能ならしめるものである。隨つて爾餘の諸還元は、此の第一還元を豫想する故第二次的である。が併し、それかといつて重要性がより少いわけでは決してない。

六一、現象學的諸還元の體系的理論の方法論的意義

現象學的方法にとつては（又更に進んでは、先驗哲學的硏究一般の方法にとつては）、吾々が本

書に於いて立案しようと試みて來た全現象學的還元に就いての體系的理論が甚だ重要である。現象學的還元の明確な『括弧入れ』には、吾々をして常に次の事を想ひ起さしめるといふ方法的機能がある。といふのは卽ち、當該の存在領界及び認識領界は原理的に、先驗現象學的領界として研究さるべき領界の外に在るといふ事、並びにまた、あの括弧に入れられた範圍に屬する前提の侵入は悉く、悖理なる混淆卽ち全くの概念飛躍なる事を示すものであるといふ事を想ひ起さしめるのである。若し假りに現象學の範圍が、自然的なる「經驗の觀方」の範圍と等しく直接自明的に現はれるとするならば、或はまた、幾何學の範圍が言はば經驗的に空間的なるものからの脱出に依ると等しく自然的觀方から形相的觀方への單なる移行に依つて現象學の範圍が生ずるとするならば、所屬の困難な考量を伴ふ精細なる還元を何等必要としなくなるであらう。更にまた、若し假りに誤まれる概念飛躍への間斷なき誘惑が、とりわけ形相的學科の對象性の解釋に際してさへも存しないとするならば、個々の步程を細心に區別する必要もなくなるであらう。が實際は、個々の範圍に於いては一般的誤解から既に脱却した人さへをも脅やかす程に強い誘惑があるのである。

今先づ第一に擧ぐべきものは、形相的なるものを心理學化せんとする、現代の異常に擴がつてゐる傾向である。觀念論者と自稱する人々の多くも亦此の傾向を免れぬ。そして又實際觀念論的側面に對する經驗論的見解の影響が概して强大なのである。イデー乃至本質を、『心的成體』と見做す者、即ち、物の事例的直觀を基礎とし、物的なる色、形等々を手段として、色、形に就いての『概念』が獲得される所のその意識操作に顧みて、色、形等といふこれ等本質に就いての時折結果する意識をこれ等の本質そのものと混同する者は、意識を原理的に超越するものを意識流に屬する實的成素と見るのである。併し此の事は、一面に於いては、それは既に經驗的意識に關するが故に心理學の壞敗であり、他面に於いては（此の方面が吾々に關係がある）現象學の壞敗である。それ故、索むる領域が眞に見出さるべきものであるならば、此の點を明瞭にする事が甚だ肝要である。けれどもこれは當然、吾々の研究の進むにつれて明瞭になることである。即ち先づ第一には形相的なるもの一般の普遍的是證に依つてであり、次には、特に形相的なるものの排去としての現象學的還元の說と關聯してである。

扨形相的なるものの排去は無論、あらゆる意味に於ける超越的なる個體的對象性の形相學に限られざるを得なかつた。今や新しい基柢的契機が考察に入つて來る。吾々が本質及び本質態を心理學化せんとする傾向から既に解放されたとしても、吾々が簡單に內在的本質と超越的本質との區別と呼んだ所の重大結果有る區別を認知して終始一貫して之を顧慮するといふ事はひとつの新しき大なる步程である。他の步程は第一の步程と同時に爾かく無造作に生ずるものでは決してないのである。一方には意識そのものの形態の本質があり、他方には意識を超越せる個體的出來事の本質、隨つて意識形態に於いて單に自らを『表明する』に過ぎぬ所の、例へば感性的現象を通して意識に依つて『規整』される所の、出來事の本質がある。

第二の步程は、尠くとも私にとつては、第一の步程の後と雖も猶ほ甚だ困難なものになつてゐる。今此の事は、『論理學的諸研究』の注意深い讀者ならば、見逃し得ない事實である。右の著書に於いて第一の步程は十分果斷に成し遂げられてゐる。卽ち——『プラトン主義』と『論理主義』とに對して實に激しく反動したあの時代の思想に强硬に反抗して——形相的なるものの獨自の權利が、それの心理學化に抗して、詳細に基礎づけられてゐる。併し第二の步程を見れば、それは二三の理論、例へば論理的範疇の對象性に關する、及び又それ等對象性に就いての能與的意識に關する理論に於いては、果斷に成し遂げられてゐるが、併しそれに反し、同じ卷の他の論述に在つては明かに動搖してゐる。卽ち、論理的命題なる概念が、或る場合には論理的範疇の對象性に適用され、又或る場合にはそれに對應する本質卽ち判斷的思惟に內在する本質に適用されてゐる限り、動搖は明白なのである。種々の對象的雙關者を有つ種々なる意識的觀方を反省に依つて自由に驅使するに至ることは、現象學の初學者等にとつては困難である。ところが此の事は、意識の內在そのものに屬さない本質領界のすべてに就いても言ひ得られる。人々は、啻に形式論理的或は形式存在學的な本質及び本質態に就いて（それ故『命題』、『推理』等々、そしてまた『數』、『順序』、『複素體』等々、の如き本質に對し）、上の如き洞觀を獲ねばならぬのみならず、又自然的世界（例へば『物』、『物體の形態』、『人間』、『人格』等々の如き）、の領界から取られてゐる本質に就いても亦さうせねばならない。此の洞觀のひとつの指標は擴大せる現象學的還元である。此の還元の結果吾々を支配する實踐的意識、卽ち、自然的世界なる領界と等しくこれ等形相的領界のすべても亦、原理的には、それの眞の存在といふ點に關しては、與へられてゐるとは現象學者の立場からは言ひ得ないといふ意識、それ等領界は、現象學者の研究領域の純粹性確保のため判斷上括弧に入れられねばならぬといふ意識、それ等領界に關する如何なる學からも、唯一つの定理も、のみならず公理も決して引き出されて現象學的目的に對する前提として許されるを得ないといふ意識——此の意識は今や、方法論上の重大な意義を有つに至る。正に此の意識に依つて吾吾は、生來の獨斷論者としての吾々の裡に、此の意識に依る以外には避け得ないであらう程深く根を張つてゐるあの混淆から、方法的に身を護るのである。

六二、認識論的序説、『獨斷的』觀方と現象學的觀方

私は今『獨斷論者』といふ言葉を使つた。茲で此の言葉は單に類比的に使用されてゐるのではなく、認識論的なものとの類似は事象固有の本質から生じてゐるのであるといふ事も尙ほわかつて來るであらう。茲で獨斷論と批判主義との認識論上の對立を念頭に置いて、還元を受ける學のすべてを獨斷的學と呼ぶ事には十分な根據がある。何故ならば、獨斷的學に包括された學はそのすべてがとりも直さず『批判』を、而もそれ等の學自身は原理的に行ひ得ぬ如き批判を必要とす

る學であるといふ事、及び、他方に於いては、他のすべての學に對し、と同時に又已れ自らに對して批判を加へるといふ獨特な機能を有つてゐる學は現象學に外ならぬといふ事が、本質的源泉からして洞觀され得るからである。(二) 更に精密に言ふならば、現象學の著しい特質は、已れの形相的普遍性の範圍內に認識と學とのすべてを包括し、而もそれ等に於いて直接に洞觀し得る所の、或は尠くとも、若しそれ等が眞の認識であるであらう場合には直接に洞觀し得るに違ひないであらう所のすべての點に關して包括するといふ事なのである。可能的方法に於けるすべての可能的なる直接的出發點とすべての直接的步程との意味及び權利は、現象學の區域に屬する。隨つて、形相的な(それ故無限に普遍的に妥當する)認識のすべてが現象學の中に含まれてあるのであつて、此の認識に依つて、如何なる認識や學を任意に選んでもそれに關係する所の『可能性』なる根本問題が解答されるのである。現象學はそれ故、應用現象學として、原理的に獨特な學の各々に對し究極評價的な批判を加へ、それに依つて又特に、それ等の學の對象の『存在』の究極的意味規定、及びそれ等の學の方法體系の原理的闡明を行ふ。斯くて、現象學が言はば全近世哲學の竊かなる憧憬の的である事が理解される。デカルトはその驚くべく深玄な基礎的省察に於いて既に現象學に押し迫つてゐる。次いで又ロック學派の心理主義に於いてもさうである。即ちヒュームは現象學の領分に、但しその眼は眩まされてゐるが、殆んど既に踏み入つてゐる。而してカントに依つて愈々此の領分が認められるに至つたのであつて、彼の廣大極まる直覺は吾々は之を、現象學的範圍の固有性を十分意識的に明瞭にするに至つて、初めて完全に了解する事ができる。その時は吾々に、次の事が明證的となる。即ち、假令カントは猶ほ未だ此の分野を奪取するを得ず、且つ又それを獨自の嚴密なる本質學の研究分野として認めるを得なかつたとはいへ、彼の心眼は此の分野を凝視してゐたといふ事である。それ故、例へば純粹理性批判第一版の先驗的演繹論は、本來既に現象學的地盤の上に展開されてゐるのである。然るにカントは、此の地盤を心理學的地盤であると誤解し、それ故にそれを又自ら放棄してゐる。

兎に角吾々は上述の事に依つて、將來の論述（本書第三卷のそれ）を先取してゐる。何故に吾吾は還元を受ける學の全部を獨斷的學と呼び、それをそれと全然別の次元の學としての現象學に對立させるのであるか、その事を是證するのに今、以上序説的に述べた事柄が役立てば幸である。同時に又吾々は、それと並行して、獨斷的觀方と現象學的觀方とを對照せしめる。勿論此の場合自然的觀方は獨斷的觀方に、それの特殊な場合として下屬するのである。

（一）此の點に就いては上述第二六節（九九頁以下）參照。さうであるとすれば勿論、第二六節に所謂特に哲學的といはれる種類の諸學は現象學を基礎とするのである。

註記

吾々の說いた特に現象學的と呼ばれる排去が個體的現存の形相的排去から獨立であるといふ事

情は、抑も現象學的排去の埒内に於いても、先驗的に還元された體驗に就いての事實學が可能ではないかどうかといふ問題を暗示する。此の問題は、一切の原理的なる可能性問題と等しく、唯形相的現象學の地盤の上に於いてのみ解決され得る。此の問題は、現象學的本質論完成の以前に於いては、何故に素樸的に現象學的事實學から始めるといふ試みが何れもノンセンであるかといふ事がわかる事に依つて解決される。詳しくは、非現象學的事實學と並んで、それと並行の且つ又同位の現象學的事實學は存し得ないといふ事が明かになるのである。而もそれは次の理由からである。即ち、あらゆる事實學の究極的評價は、それ等事實學のすべてに對應する所の事實的な且つ又事實的可能性として動機づけられた現象學的聯關の統一的結合——此の結合された統一こそ、待望される現象學的事實學の分野に外ならない——を結果するからである。此の現象學的事實學はそれ故、その主要部分から言つて、普通の事實學の、形相的現象學に依つて可能にされたる『現象學的轉回』である。そして殘るは唯、此の轉回から更に進んでどの程度まで業績を擧げ得るであらうかといふ問題だけである。

純粋現象学及現象学的哲学考案《じゅんすいげんしょうがくおよびげんしょうがくてきてつがくこうあん》（上）〔全2冊〕
フッセル著

1939年2月2日　第1刷発行
2017年2月21日　第9刷発行

訳　者　池上鎌三《いけがみけんぞう》

発行者　岡本　厚

発行所　株式会社 岩波書店
〒101-8002 東京都千代田区一ツ橋 2-5-5

案内 03-5210-4000　営業部 03-5210-4111
文庫編集部 03-5210-4051
http://www.iwanami.co.jp/

印刷・三秀舎　カバー・精興社　製本・中永製本

ISBN4-00-336431-7　　Printed in Japan

読書子に寄す

――岩波文庫発刊に際して――

岩波茂雄

真理は万人によって求められることを自ら欲し、芸術は万人によって愛されることを自ら望む。かつては民を愚昧ならしめるために学芸が最も狭き堂宇に閉鎖されたことがあった。今や知識と美とを特権階級の独占より奪い返すことはつねに進取的なる民衆の切実なる要求である。岩波文庫はこの要求に応じそれに励まされて生まれた。それは生命ある不朽の書を少数者の書斎と研究室とより解放して街頭にくまなく立たしめ民衆に伍せしめるであろう。近時大量生産予約出版の流行を見る。その広告宣伝の狂態はしばらくおくも、後代にのこすと誇称する全集がその編集に万全の用意をなしたるか。千古の典籍の翻訳企図に敬虔の態度を欠かざりしか。さらに分売を許さず読者を繋縛して数十冊を強うるがごとき、はたしてその揚言する学芸解放のゆえんなりや。吾人は天下の名士の声に和してこれを推挙するに躊躇するものである。このときにあたって、岩波書店は自己の責務のいよいよ重大なるを思い、従来の方針の徹底を期するため、すでに十数年以前より志して来た計画を慎重審議この際断然実行することにした。吾人は範をかのレクラム文庫にとり、古今東西にわたって文芸・哲学・社会科学・自然科学等種類のいかんを問わず、いやしくも万人の必読すべき真に古典的価値ある書をきわめて簡易なる形式において逐次刊行し、あらゆる人間に須要なる生活向上の資料、生活批判の原理を提供せんと欲する。この文庫は予約出版の方法を排したるがゆえに、読者は自己の欲する時に自己の欲する書物を各個に自由に選択することができる。携帯に便にして価格の低きを最主とするがゆえに、外観を顧みざるも内容に至っては厳選最も力を尽くし、従来の岩波出版物の特色をますます発揮せしめようとする。この計画たるや世間の一時の投機的なるものと異なり、永遠の事業として吾人は微力を傾倒し、あらゆる犠牲を忍んで今後永久に継続発展せしめ、もって文庫の使命を遺憾なく果たさしめることを期する。芸術を愛し知識を求むる士の自ら進んでこの挙に参加し、希望と忠言とを寄せられることは吾人の熱望するところである。その性質上経済的には最も困難多きこの事業にあえて当たらんとする吾人の志を諒として、その達成のため世の読書子とのうるわしき共同を期待する。

昭和二年七月

《音楽・美術》〔青〕

- ベートーヴェンの生涯　ロマン・ロラン　片山敏彦訳
- 音楽と音楽家　シューマン　吉田秀和訳
- モーツァルトの手紙　—その生涯のロマン　全二冊　柴田治三郎編訳
- バッハの生涯と芸術　フォルケル　柴田治三郎訳
- レオナルド・ダ・ヴィンチの手記　全二冊　杉浦明平訳
- ゴッホの手紙　全三冊　硲伊之助訳
- ワーグマン日本素描集　清水勲編
- 河鍋暁斎戯画集　山口静一・及川茂編
- うるしの話　松田権六
- ドーミエ諷刺画の世界　喜安朗編
- 河鍋暁斎　ジョサイア・コンドル　山口静一訳
- 伽藍が白かったとき　ル・コルビュジエ　生田勉・樋口清訳
- デューラー　ネーデルラント旅日記　前川誠郎訳
- デューラー　自伝と書簡　前川誠郎訳
- 蛇儀礼　ヴァールブルク　三島憲一訳
- セザンヌ　ガスケ　與謝野文子訳
- 日本の近代美術　土方定一
- 迷宮としての世界　—マニエリスム美術　全二冊　グスタフ・ルネ・ホッケ　種村季弘・矢川澄子訳
- 日本洋画の曙光　平福百穂
- 江戸東京実見画録　長谷川渓石画　進士慶幹・花咲一男注解
- 映画とは何か　全二冊（既刊一冊）　アンドレ・バザン　野崎歓・大原宣久・谷本道昭訳
- 胡麻と百合　ラスキン　石田憲次・照山正順訳
- 建築の七灯　ラスキン　高橋枀川訳

《哲学・教育・宗教》〔青〕

- ソクラテスの弁明・クリトン　プラトン　久保勉訳
- ゴルギアス　プラトン　加来彰俊訳
- 饗宴　プラトン　久保勉訳
- テアイテトス　プラトン　田中美知太郎訳
- パイドロス　プラトン　藤沢令夫訳
- メノン　プラトン　藤沢令夫訳
- 国家　全二冊　プラトン　藤沢令夫訳
- プロタゴラス　—ソフィストたち　プラトン　藤沢令夫訳
- パイドン　—魂の不死について　プラトン　岩田靖夫訳
- アナバシス　—敵中横断六〇〇〇キロ　クセノポン　松平千秋訳
- アリストテレス　ニコマコス倫理学　全二冊　高田三郎訳
- アリストテレス　形而上学　全二冊　出隆訳
- アリストテレス　弁論術　戸塚七郎訳
- アリストテレース　詩学・ホラーティウス　詩論　松本仁助・岡道男訳
- アリストテレース　動物誌　全二冊　島崎三郎訳
- 物の本質について　ルクレーティウス　樋口勝彦訳
- エピクロス　—教説と手紙　出隆・岩崎允胤訳
- 生の短さについて　他二篇　セネカ　大西英文訳
- 怒りについて　他二篇　セネカ　兼利琢也訳
- 人さまざま　テオプラストス　森進一訳
- エピクテートス　人生談義　全二冊　鹿野治助訳
- マルクス・アウレーリウス　自省録　神谷美恵子訳
- 老年について　キケロー　中務哲郎訳
- 友情について　キケロー　中務哲郎訳
- 平和の訴え　エラスムス　箕輪三郎訳
- エラスムス＝トマス・モア往復書簡　沓掛良彦・高田康成訳

方法序説　デカルト　谷川多佳子訳
哲学原理　デカルト　桂寿一訳
情念論　デカルト　谷川多佳子訳
パンセ　全三冊　パスカル　塩川徹也訳
知性改善論　スピノザ　畠中尚志訳
スピノザ エチカ（倫理学）　全二冊　畠中尚志訳
デカルトの哲学原理　附 形而上学的思想　スピノザ　畠中尚志訳
聖トマス 形而上学叙説 ―有と本質とに就いて　高桑純夫訳
君主の統治について ―謹んでキプロス王に捧げる　トマス・アクィナス　柴田平三郎訳
エミール　全三冊　ルソー　今野一雄訳
孤独な散歩者の夢想　ルソー　今野一雄訳
人間不平等起原論　ルソー　本田喜代治・平岡昇訳
ルソー 社会契約論　桑原武夫・前川貞次郎訳
ラモーの甥　ディドロ　本田喜代治・平岡昇訳
道徳形而上学原論　カント　篠田英雄訳
啓蒙とは何か 他四篇　カント　篠田英雄訳
純粋理性批判　全三冊　カント　篠田英雄訳

カント 実践理性批判　波多野精一・宮本和吉・篠田英雄訳
判断力批判　全二冊　カント　篠田英雄訳
永遠平和のために　カント　宇都宮芳明訳
プロレゴメナ　カント　篠田英雄訳
人間の使命　フィヒテ　宮崎洋三訳
ヘーゲル 政治論文集　全二冊　金子武蔵訳
歴史哲学講義　全二冊　ヘーゲル　長谷川宏訳
ブルーノ　シェリング　服部英次郎・井上庄七訳
自殺について 他四篇　ショウペンハウエル　斎藤信治訳
読書について 他二篇　ショウペンハウエル　斎藤忍随訳
知性について 他四篇　ショーペンハウエル　細谷貞雄訳
キリスト教の本質　全二冊　フォイエルバッハ　船山信一訳
将来の哲学の根本命題 他二篇　フォイエルバッハ　松村一人・和田楽訳
唯心論と唯物論　フォイエルバッハ　船山信一訳
不安の概念　キェルケゴール　斎藤信治訳
死に至る病　キェルケゴール　斎藤信治訳
シュヴェーグラー 西洋哲学史　全二冊　谷川徹三・松村一人訳

世界観の研究　ディルタイ　山本英一訳
体験と創作　全二冊　ディルタイ　柴田治三郎・小牧健夫訳
眠られぬ夜のために　全二冊　ヒルティ　草間平作・大和邦太郎訳
幸福論　全三冊　ヒルティ　草間平作・大和邦太郎訳
悲劇の誕生　ニーチェ　秋山英夫訳
ツァラトゥストラはこう言った　全二冊　ニーチェ　氷上英廣訳
道徳の系譜　ニーチェ　木場深定訳
善悪の彼岸　ニーチェ　木場深定訳
この人を見よ　ニーチェ　手塚富雄訳
プラグマティズム　W・ジェイムズ　桝田啓三郎訳
宗教的経験の諸相　全二冊　W・ジェイムズ　桝田啓三郎訳
デカルト的省察　フッサール　浜渦辰二訳
笑い　ベルクソン　林達夫訳
物質と記憶　ベルクソン　熊野純彦訳
時間と自由　ベルクソン　中村文郎訳
ラッセル幸福論　安藤貞雄訳
存在と時間　全四冊　ハイデガー　熊野純彦訳

- 学校と社会　デューイ　宮原誠一訳
- 民主主義と教育　全二冊　デューイ　松野安男訳
- 歴史と自然科学・道徳の原理に就て・聖　『プレルーディエン』より　ヴィンデルバント　篠田英雄訳
- 我と汝・対話　マルティン・ブーバー　植田重雄訳
- アラン 幸福論　神谷幹夫訳
- 四季をめぐる51のプロポ　アラン　神谷幹夫編訳
- アラン 定義集　神谷幹夫訳
- 文法の原理　全三冊　イェスペルセン　安藤貞雄訳
- 日本の弓術　オイゲン・ヘリゲル述　柴田治三郎訳
- ギリシア哲学者列伝　全三冊　ディオゲネス・ラエルティオス　加来彰俊訳
- 似て非なる友について　他三篇　プルタルコス　柳沼重剛訳
- ヴィーコ 学問の方法　上村忠男　佐々木力訳
- 人間の頭脳活動の本質　他一篇　ディーツゲン　小松摂郎訳
- ソクラテス以前以後　F・M・コーンフォード　山田道夫訳
- 連続性の哲学　パース　伊藤邦武編訳
- 論理哲学論考　ウィトゲンシュタイン　野矢茂樹訳
- 自由と社会的抑圧　シモーヌ・ヴェイユ　冨原眞弓訳

- 根をもつこと　全二冊　シモーヌ・ヴェイユ　冨原眞弓訳
- 全体性と無限　全二冊　レヴィナス　熊野純彦訳
- 啓蒙の弁証法　―哲学的断想　M・ホルクハイマー　T・W・アドルノ　徳永恂訳
- 共同存在の現象学　レーヴィット　熊野純彦訳
- ヘーゲルからニーチェへ　全二冊　―十九世紀思想における革命的断絶　レーヴィット　三島憲一訳
- 田辺元哲学選Ⅰ　種の論理　藤田正勝編
- 田辺元哲学選Ⅱ　懺悔道としての哲学　藤田正勝編
- 田辺元哲学選Ⅲ　哲学の根本問題・数理の歴史主義展開　藤田正勝編
- 統辞構造論　付『言語理論の論理構造』序論　チョムスキー　福井直樹　辻子美保子訳
- 言語変化という問題　―共時態、通時態、歴史　E・コセリウ　田中克彦訳
- 快楽について　ロレンツォ・ヴァッラ　近藤恒一訳
- 古代懐疑主義入門　判断保留の十の方式　J・アナス　J・バーンズ　金山弥平訳
- 人間精神進歩史　全二冊　コンドルセ　渡辺誠訳
- 隠者の夕暮・シュタンツだより　ペスタロッチー　長田新訳
- 旧約聖書　創世記　関根正雄訳
- 旧約聖書　出エジプト記　関根正雄訳
- 旧約聖書　ヨブ記　関根正雄訳

- 旧約聖書　詩篇　関根正雄訳
- 新約聖書　福音書　塚本虎二訳
- 新約聖書　使徒のはたらき　塚本虎二訳
- 文語訳 新約聖書　詩篇付
- 文語訳 旧約聖書　全四冊
- キリストにならいて　トマス・ア・ケンピス　大沢章　呉茂一訳
- 聖アウグスティヌス　告白　全二冊　服部英次郎訳
- 新訳 キリスト者の自由・聖書への序言　マルティン・ルター　石原謙訳
- 現世の主権について　他二篇　マルティン・ルター　吉村善夫訳
- 聖なるもの　オットー　久松英二訳
- コーラン　全三冊　井筒俊彦訳
- コリャード 懺悔録　大塚光信校注
- エックハルト説教集　田島照久編訳

《イギリス文学》〔赤〕

- ユートピア　トマス・モア　平井正穂訳
- 完訳カンタベリー物語　全三冊　チョーサー　桝井迪夫訳
- ヴェニスの商人　シェイクスピア　中野好夫訳
- ジュリアス・シーザー　シェイクスピア　中野好夫訳
- 十二夜　シェイクスピア　小津次郎訳
- ハムレット　シェイクスピア　野島秀勝訳
- オセロウ　シェイクスピア　菅泰男訳
- リア王　シェイクスピア　野島秀勝訳
- マクベス　シェイクスピア　木下順二訳
- ソネット集　シェイクスピア　高松雄一訳
- ロミオとジューリエット　シェイクスピア　平井正穂訳
- リチャード三世　シェイクスピア　木下順二訳
- 対訳シェイクスピア詩集 —イギリス詩人選(1)　柴田稔彦編
- 失楽園　全二冊　ミルトン　平井正穂訳
- ロビンソン・クルーソー　全二冊　デフォー　平井正穂訳
- ガリヴァー旅行記　スウィフト　平井正穂訳

- ジョウゼフ・アンドルーズ　全二冊　フィールディング　朱牟田夏雄訳
- ウェイクフィールドの牧師 —むだばなし　ゴールドスミス　小野寺健訳
- 幸福の探求 —アビシニアの王子ラセラスの物語　サミュエル・ジョンソン　朱牟田夏雄訳
- 対訳バイロン詩集 —イギリス詩人選(8)　笠原順路編
- 対訳ブレイク詩集 —イギリス詩人選(4)　松島正一編
- ブレイク詩集　寿岳文章訳
- ワーズワース詩集　田部重治選訳
- 対訳ワーズワス詩集 —イギリス詩人選(3)　山内久明編
- アイヴァンホー　全二冊　スコット　菊池武一訳
- 高慢と偏見　全二冊　ジェーン・オースティン　富田彬訳
- 説きふせられて　ジェーン・オースティン　富田彬訳
- エマ　全二冊　ジェーン・オースティン　工藤政司訳
- シェイクスピア物語　全二冊　チャールズ・ラム　メアリー・ラム　安藤貞雄訳
- 対訳テニスン詩集 —イギリス詩人選(5)　西前美巳編
- デイヴィッド・コパフィールド　全五冊　ディケンズ　石塚裕子訳
- ディケンズ短篇集　小池滋　石塚裕子訳
- オリヴァ・ツウィスト　全二冊　ディケンズ　本多季子訳

- 大いなる遺産　全二冊　ディケンズ　石塚裕子訳
- 鎖を解かれたプロメテウス　シェリー　石川重俊訳
- 対訳シェリー詩集 —イギリス詩人選(9)　アルヴィ宮本なほ子編
- ジェイン・エア　全二冊　シャーロット・ブロンテ　河島弘美訳
- 嵐が丘　全二冊　エミリー・ブロンテ　河島弘美訳
- クリスチナ・ロセッティ詩抄　入江直祐訳
- 教養と無秩序　マシュー・アーノルド　多田英次訳
- ハーディ テス　全二冊　井上宗次　石田英二訳
- ハーディ短篇集　井出弘之編訳
- 緑の館 —熱帯林のロマンス　ハドソン　柏倉俊三訳
- 宝島　スティーヴンスン　阿部知二訳
- ジーキル博士とハイド氏　スティーヴンスン　海保眞夫訳
- プリンス・オットー　スティーヴンスン　小川和夫訳
- 新アラビヤ夜話　スティーヴンスン　佐藤緑葉訳
- 若い人々のために 他十一篇　スティーヴンスン　岩田良吉訳
- バラントレーの若殿　スティーヴンスン　海保眞夫訳
- マーカイム・壜の小鬼 他五篇　スティーヴンスン　高松雄一　高松禎子訳

- 怪談 —不思議なことの物語と研究　ラフカディオ・ハーン　平井呈一訳
- 心 —日本の内面生活の暗示と影響　ラフカディオ・ハーン　平井呈一訳
- サロメ　ワイルド　福田恆存訳
- 人と超人　バーナド・ショー　市川又彦訳
- ヘンリ・ライクロフトの私記　ギッシング　平井正穂訳
- 闇の奥　コンラッド　中野好夫訳
- コンラッド短篇集　中島賢二編訳
- 対訳 イエイツ詩集　高松雄一編
- 月と六ペンス　モーム　行方昭夫訳
- 読書案内 —世界文学　W・S・モーム　西川正身訳
- 世界の十大小説 全二冊　W・S・モーム　西川正身訳
- 人間の絆 全三冊　モーム　行方昭夫訳
- 夫が多すぎて　モーム　海保眞夫訳
- サミング・アップ　モーム　行方昭夫訳
- モーム短篇選 全二冊　行方昭夫編訳
- お菓子とビール　モーム　行方昭夫訳
- ダブリンの市民　ジョイス　結城英雄訳

- ロレンス短篇集　河野一郎編訳
- 荒地　T・S・エリオット　岩崎宗治訳
- 悪口学校　シェリダン　菅泰男訳
- パリ・ロンドン放浪記　ジョージ・オーウェル　小野寺健訳
- 動物農場 —おとぎばなし　ジョージ・オーウェル　川端康雄訳
- 対訳 キーツ詩集 —イギリス詩人選(10)　宮崎雄行編
- 深き淵よりの嘆息 —『阿片常用者の告白』続篇　ド・クインシー　野島秀勝訳
- 20世紀イギリス短篇選 全二冊　小野寺健編訳
- イギリス名詩選　平井正穂編
- 中世イギリス英雄叙事詩 ベーオウルフ　忍足欣四郎訳
- タイム・マシン 他九篇　H・G・ウエルズ　橋本槇矩訳
- モロー博士の島 他九篇　H・G・ウエルズ　橋本槇矩　鈴木万里訳
- トーノ・バンゲイ 全二冊　ウェルズ　中西信太郎訳
- 回想のブライズヘッド 全二冊　イーヴリン・ウォー　小野寺健訳
- 愛されたもの　イーヴリン・ウォー　中村健二　出淵博訳
- 白衣の女 全三冊　ウィルキー・コリンズ　中島賢二訳
- 夢の女・恐怖のベッド 他六篇　ウィルキー・コリンズ　中島賢二訳

- 対訳 英米童謡集　河野一郎編訳
- 完訳 ナンセンスの絵本　エドワード・リア　柳瀬尚紀訳
- 灯台へ　ヴァージニア・ウルフ　御輿哲也訳
- 夜の来訪者　プリーストリー　安藤貞雄訳
- イングランド紀行 全二冊　プリーストリー　橋本槇矩訳
- アーネスト・ダウスン作品集　南條竹則編訳
- スコットランド紀行　エドウィン・ミュア　橋本槇矩訳
- 狐になった奥様　ガーネット　安藤貞雄訳
- ヘリック詩鈔　森亮訳
- たいした問題じゃないが —イギリス・コラム傑作選　行方昭夫編訳
- 英国ルネサンス恋愛ソネット集　岩崎宗治編訳
- 文学とは何か —現代批評理論への招待 全二冊　テリー・イーグルトン　大橋洋一訳

《アメリカ文学》〔赤〕

- ギリシア・ローマ神話 付インド・北欧神話　ブルフィンチ　野上弥生子訳
- 中世騎士物語　ブルフィンチ　野上弥生子訳
- フランクリン自伝　松本慎一　西川正身訳
- スケッチ・ブック 全二冊　アーヴィング　齊藤昇訳

《ドイツ文学》〔赤〕

ニーベルンゲンの歌 全二冊		相良守峯訳
ラオコオン —絵画と文学との限界について	レッシング	斎藤栄治訳
若きウェルテルの悩み	ゲーテ	竹山道雄訳
ヴィルヘルム・マイスターの修業時代 全三冊	ゲーテ	山崎章甫訳
イタリア紀行 全三冊	ゲーテ	相良守峯訳
ファウスト 全二冊	ゲーテ	相良守峯訳
ゲーテとの対話 全三冊	エッカーマン	山下肇訳
群盗	シラー	久保栄訳
三十年戦史 全二冊	シルレル	渡辺格司訳
ヘルダーリン詩集		川村二郎訳
青い花	ノヴァーリス	青山隆夫訳
夜の讃歌・サイスの弟子たち 他一篇	ノヴァーリス	今泉文子訳
完訳 グリム童話集 全五冊		金田鬼一訳
水妖記（ウンディーネ）	フーケー	柴田治三郎訳
O侯爵夫人 他六篇	クライスト	相良守峯訳
影をなくした男	シャミッソー	池内紀訳
ハイネ 歌の本 全二冊		井上正蔵訳
流刑の神々・精霊物語	ハイネ	小沢俊夫訳
冬物語 —ドイツ	ハイネ	井汲越次訳
ユーディット 他一篇	ヘッベル	吹田順助訳
芸術と革命 他四篇	ワーグナー	北村義男訳
水晶 —石さまざま 他三篇	シュティフター	手塚富雄・藤村宏訳
ブリギッタ・森の泉 他一篇	シュティフター	宇多五郎・高安国世訳
みずうみ 他四篇	シュトルム	関泰祐訳
美しき誘い 他一篇	シュトルム	国松孝二訳
聖ユルゲンにて・後見人カルステン 他一篇	シュトルム	国松孝二訳
村のロメオとユリア	ケラー	草間平作訳
夢小説・闇への逃走 他一篇	シュニッツラー	池内紀・武村知子訳
花・死人に口なし 他七篇	シュニッツラー	番匠谷英一・山本有三訳
リルケ詩集		高安国世訳
ドゥイノの悲歌	リルケ	手塚富雄訳
ブッデンブローク家の人びと 全三冊	トーマス・マン	望月市恵訳
トオマス・マン短篇集		実吉捷郎訳
魔の山 全二冊	トーマス・マン	関泰祐・望月市恵訳
トニオ・クレエゲル	トオマス・マン	実吉捷郎訳
ヴェニスに死す	トオマス・マン	実吉捷郎訳
講演集 ドイツとドイツ人 他五篇	トーマス・マン	青木順三訳
車輪の下	ヘルマン・ヘッセ	実吉捷郎訳
デミアン	ヘルマン・ヘッセ	実吉捷郎訳
シッダルタ	ヘッセ	手塚富雄訳
美しき惑いの年	カロッサ	手塚富雄訳
若き日の変転	カロッサ	斎藤栄治訳
幼年時代	カロッサ	斎藤栄治訳
指導と信従	カロッサ	国松孝二訳
マリー・アントワネット 全二冊	シュテファン・ツワイク	高橋禎二・秋山英夫訳
ジョゼフ・フーシェ —ある政治的人間の肖像	シュテファン・ツワイク	高橋禎二・秋山英夫訳
変身・断食芸人	カフカ	山下肇・山下萬里訳
審判	カフカ	辻瑆訳
カフカ短篇集		池内紀編訳
カフカ寓話集		池内紀編訳

肝っ玉おっ母とその子どもたち　ブレヒト　岩淵達治訳
天と地との間　オットー・ルートヴィヒ　黒川武敏訳
ほらふき男爵の冒険　ビュルガー編　新井皓士訳
憂愁夫人　ズーデルマン　相良守峯訳
短篇集 死神とのインタヴュー　ノサック　神品芳夫訳
悪童物語　ルウドキヒ・トオマ　実吉捷郎訳
芸術を愛する一修道僧の真情の披瀝　ヴァッケンローダー　江川英一訳
ウィーン世紀末文学選　池内紀編訳
大理石像・デュランデ城悲歌　アイヒェンドルフ　関泰祐訳
改訳 愉しき放浪児　アイヒェンドルフ　関泰祐訳
ホフマンスタール詩集　川村二郎訳
陽気なヴッツ先生 他一篇　ジャン・パウル　岩田行一訳
蜜蜂マアヤ　ボンゼルス　実吉捷郎訳
インド紀行 全二冊　ボンゼルス　実吉捷郎訳
ドイツ名詩選　生野幸吉　檜山哲彦編
蝶の生活　シュナック　岡田朝雄訳
聖なる酔っぱらいの伝説 他四篇　ヨーゼフ・ロート　池内紀訳

ラデツキー行進曲 全二冊　ヨーゼフ・ロート　平田達治訳
暴力批判論 他十篇 ―ベンヤミンの仕事1　ヴァルター・ベンヤミン　野村修編訳
ボードレール 他五篇 ―ベンヤミンの仕事2　ヴァルター・ベンヤミン　野村修編訳
人生処方詩集　エーリヒ・ケストナー　小松太郎訳
三十歳　インゲボルク・バッハマン　松永美穂訳

《フランス文学》〔赤〕

ラブレー第一之書 ガルガンチュワ物語　渡辺一夫訳
ラブレー第二之書 パンタグリュエル物語　渡辺一夫訳
ラブレー第三之書 パンタグリュエル物語　渡辺一夫訳
ラブレー第四之書 パンタグリュエル物語　渡辺一夫訳
ラブレー第五之書 パンタグリュエル物語　渡辺一夫訳
トリスタン・イズー物語　ベディエ編　佐藤輝夫訳
日月両世界旅行記　シラノ・ド・ベルジュラック　赤木昭三訳
ロンサール詩集　ロンサール　井上究一郎訳
エセー 全六冊　モンテーニュ　原二郎訳
ラ・ロシュフコー箴言集　二宮フサ訳
タルチュフ　モリエール　鈴木力衛訳

完訳 ペロー童話集　新倉朗子訳
クレーヴの奥方 他二篇　ラファイエット夫人　生島遼一訳
カラクテール ―当世風俗誌 全三冊　ラ・ブリュイエール　関根秀雄訳
偽りの告白　マリヴォー　鈴木力衛訳
贋の侍女・愛の勝利　マリヴォー　佐藤実枝　井村順一訳
カンディード 他五篇　ヴォルテール　植田祐次訳
孤独な散歩者の夢想　ルソー　今野一雄訳
危険な関係 全二冊　ラクロ　伊吹武彦訳
美味礼讃 全二冊　ブリア-サヴァラン　関根秀雄　戸部松実訳
恋愛論 全二冊　スタンダール　杉本圭子訳
赤と黒 全二冊　スタンダール　桑原武夫　生島遼一訳
パルムの僧院 全二冊　スタンダール　生島遼一訳
ヴァニナ・ヴァニニ 他四篇　スタンダール　生島遼一訳
知られざる傑作 他五篇　バルザック　水野亮訳
谷間のゆり　バルザック　宮崎嶺雄訳
「絶対」の探求　バルザック　水野亮訳
サラジーヌ 他三篇　バルザック　芳川泰久訳

書名	訳者
艶笑滑稽譚 全三冊	バルザック 石井晴一訳
レ・ミゼラブル 全四冊	ユーゴー 豊島与志雄訳
死刑囚最後の日	ユーゴー 豊島与志雄訳
エルナニ	ユーゴー 稲垣直樹訳
モンテ・クリスト伯 全七冊	アレクサンドル・デュマ 山内義雄訳
三銃士 全二冊	デュマ 生島遼一訳
カルメン	メリメ 杉捷夫訳
メリメ怪奇小説選	杉捷夫編訳
愛の妖精（プチット・ファデット）	ジョルジュ・サンド 宮崎嶺雄訳
ボオドレール 悪の華	鈴木信太郎訳
ボヴァリー夫人 全二冊	フローベール 伊吹武彦訳
感情教育 全二冊	フローベール 生島遼一訳
聖アントワヌの誘惑	フローベール 渡辺一夫訳
紋切型辞典	フローベール 小倉孝誠訳
椿姫	デュマ・フィス 吉村正一郎訳
パリ風俗 サフォ	ドーデ 朝倉季雄訳
プチ・ショーズ —ある少年の物語	ドーデ 原千代海訳

書名	訳者
シルヴェストル・ボナールの罪	アナトール・フランス 伊吹武彦訳
ジェルミナール 全三冊	エミール・ゾラ 安士正夫訳
水車小屋攻撃 他七篇	エミール・ゾラ 朝比奈弘治訳
氷島の漁夫	ピエール・ロチ 吉氷清訳
マラルメ詩集	渡辺守章訳
脂肪のかたまり	モーパッサン 高山鉄男訳
ベラミ 全二冊	モーパッサン 杉捷夫訳
モーパッサン短篇選	高山鉄男編訳
地獄の季節	ランボオ 小林秀雄訳
にんじん	ルナアル 岸田国士訳
ぶどう畑のぶどう作り	ルナアル 岸田国士訳
博物誌	ルナール 辻昶訳
ジャン・クリストフ 全四冊	ロマン・ローラン 豊島与志雄訳
ベートーヴェンの生涯	ロマン・ロラン 片山敏彦訳
フランシス・ジャム詩集	手塚伸一訳
三人の乙女たち	フランシス・ジャム 手塚伸一訳
贋金つくり 全二冊	アンドレ・ジイド 川口篤訳

書名	訳者
続コンゴ紀行 —チャド湖より還る	アンドレ・ジイド 杉捷夫訳
ムッシュー・テスト	ポール・ヴァレリー 清水徹訳
若き日の手紙	フィリップ 外山楢夫訳
精神の危機 他十五篇	ポール・ヴァレリー 恒川邦夫訳
朝のコント	フィリップ 淀野隆三訳
シラノ・ド・ベルジュラック	ロスタン 辰野隆 鈴木信太郎訳
海の沈黙・星への歩み	ヴェルコール 河野與一 加藤周一訳
恐るべき子供たち	コクトー 鈴木力衛訳
地底旅行	ジュール・ヴェルヌ 朝比奈弘治訳
八十日間世界一周	ジュール・ヴェルヌ 鈴木啓二訳
海底二万里 全二冊	ジュール・ヴェルヌ 朝比奈美知子訳
結婚十五の歓び	新倉俊一訳
モーパン嬢 全二冊	テオフィル・ゴーチエ 井村実名子訳
シェリ	コレット 工藤庸子訳
生きている過去	レニエ 窪田般彌訳
フランス短篇傑作選	山田稔編訳
シュルレアリスム宣言・溶ける魚	アンドレ・ブルトン 巌谷國士訳

ナジャ　アンドレ・ブルトン　巖谷國士訳
不遇なる一天才の手記　ヴォーヴナルグ　関根秀雄訳
ジェルミニィ・ラセルトゥウ　ゴンクウル兄弟　大西克和訳
ゴンクールの日記 全二冊　斎藤一郎編訳
D・G・ロセッティ作品集　南條竹則・松村伸一編訳
フランス名詩選　安藤元雄・入沢康夫・渋沢孝輔編
グラン・モーヌ　アラン＝フルニエ　天沢退二郎訳
狐物語　鈴木覚・福本直之・原野昇訳
繻子の靴 全二冊　ポール・クローデル　渡辺守章訳
A・O・バルナブース全集 全二冊　ヴァレリー・ラルボー　岩崎力訳
心変わり　ミシェル・ビュトール　清水徹訳
自由への道 全六冊　サルトル　海老坂武・澤田直訳
物質的恍惚　ル・クレジオ　豊崎光一訳
悪魔祓い　ル・クレジオ　高山鉄男訳
女中たち／バルコン　ジャン・ジュネ　渡辺守章訳
楽しみと日々　プルースト　岩崎力訳
失われた時を求めて 全十四冊（既刊九冊）　プルースト　吉川一義訳

丘　ジャン・ジオノ　山本省訳
子ども 全二冊　ジュール・ヴァレス　朝比奈弘治訳
アルゴールの城にて　ジュリアン・グラック　安藤元雄訳
シルトの岸辺　ジュリアン・グラック　安藤元雄訳
冗談　ミラン・クンデラ　西永良成訳

岩波文庫の最新刊

藤田真一編注
蕪村文集
俳句に絵画にと名人芸を披露した蕪村の『蕪村翁文集』『新花摘』、句評や妖怪絵巻を含む俳諧的センスに彩られた生き生きした名文を集成する。
〔黄二一〇-四〕 本体一一三〇円

J・マルトゥレイ、M・J・ダ・ガルバ／田澤耕訳
ティラン・ロ・ブラン 3
恋愛に奥手なティランと皇女の恋、それに横恋慕する皇女の乳母、従者イポリトと皇后の不倫……、壮烈な闘いを背景に、男女の愛憎が交錯する。（全四冊）
〔赤七三八-三〕 本体一一四〇円

ルドルフ・シュタイナー／高橋巖訳
ニーチェ みずからの時代と闘う者
同時代人の孤高の哲学者ニーチェの思想世界を活写することで、シュタイナーの思想を語る。シュタイナー思想の展開上の結節点とも呼ぶべき重要作。
〔青七〇〇-一〕 本体七二〇円

濱田耕作
通論考古学
考古学の定義、発掘・研究方法から、報告書刊行、博物館展示まで、簡潔明快に説明。「日本考古学の父」濱田耕作（一八八一―一九三八）の代表作。（解説＝春成秀爾）
〔青N一二〇-一〕 本体八四〇円

……今月の重版再開……

T・Sアシュトン／中川敬一郎訳
産業革命
〔白一四四-一〕 本体七二〇円

森銑三・柴田宵曲
書物
〔緑一五三-一〕 本体八一〇円

長南実訳
エル・シードの歌
〔赤七三一-一〕 本体九〇〇円

石母田正
中世的世界の形成
〔青四三六-一〕 本体一二〇〇円

定価は表示価格に消費税が加算されます　2016. 12.